创新型大学生素质教育精品教材

大学生职业生涯规划与就业指导

主编　文　武
主审　阮碧辉

内容提要

本书以“理论够用，实用为主”为原则，系统地介绍了大学生职业生涯规划与就业指导的相关知识，旨在帮助大学生深入了解职业生涯规划的重要性，正确地面对就业，提升职业生涯规划能力和就业能力。全书共 8 个项目，分别为职业生涯认知、职业世界探索、职业生涯决策、职业能力提升、就业形势与政策、求职策略、就业心理与就业观、角色适应与发展。本书内容完整，学练结合，宜教易学，可作为普通高等院校学生学习职业生涯规划与就业指导课程的教材。

图书在版编目（CIP）数据

大学生职业生涯规划与就业指导 / 文武主编. -- 上海 : 上海交通大学出版社, 2023.6（2024.7 重印）
ISBN 978-7-313-28496-9

Ⅰ. ①大… Ⅱ. ①文… Ⅲ. ①大学生－职业选择－高等学校－教材 Ⅳ. ①G647.38

中国国家版本馆 CIP 数据核字(2023)第 053542 号

大学生职业生涯规划与就业指导
DAXUESHENG ZHIYE SHENGYA GUIHUA YU JIUYE ZHIDAO

主　　编：文　武
出版发行：上海交通大学出版社　　地　　址：上海市番禺路 951 号
邮政编码：200030　　电　　话：021-64071208
印　　制：三河市祥达印刷包装有限公司　　经　　销：全国新华书店
开　　本：787 mm×1092 mm　1/16　　印　　张：12.25
字　　数：283 千字
版　　次：2023 年 6 月第 1 版　　印　　次：2024 年 7 月第 2 次印刷
书　　号：ISBN　978-7-313-28496-9
定　　价：48.80 元

前言

常言道："凡事预则立，不预则废。"对大学生来说，做好自己的职业生涯规划和接受系统的就业指导是非常必要的。为了引导大学生树立正确的职业观、就业观和择业观，帮助大学生提升职业生涯规划与就业的能力，编者总结多年从事就业指导教学和实践的经验，编写了本书。

具体而言，本书具有以下特色。

1. 强化素养，立德树人

党的二十大报告指出："育人的根本在于立德。"本书有机融入党的二十大精神，以培养学生正确的人生观、价值观和就业观为己任，以职业素养培育为核心，将个人理想、文化自信、诚信品质、创新精神、社会责任等内容有机地融入正文与各模块中，引导并激励学生培养良好的职业素养，合理地规划自己的职业生涯，将来为全面建设社会主义现代化国家贡献力量。

2. 校企共编，职业引领

本书的编写在双师型教师和企业专职人员的支持和参与下进行，内容紧密围绕大学生的职业生涯规划和就业需求展开，力求帮助大学生解决在职业生涯规划和就业过程中可能遇到的实际问题，强调实用性和针对性，增强了职业引领功能，能有力地促使学生学以致用。

3. 紧跟时代，盘活课堂

本书切实践行"以学生为主体，以教师为主导，以培养解决问题的能力为根本"的教育理念，在内容的编排上出陈易新，紧跟时代步伐，大量选用既有示范性又有时代感的阅读材料和贴近大学生实际生活的实操案例，既有助于学生理解和掌握学习要点，也有助于教师更好地开展教学工作。

4. 理念创新，体例新颖

本书从方便学生学习的角度出发，遵循“理论知识够用，重视能力训练”的原则，采用“案例导入+理论讲解+实践探索”的结构框架进行编写，引导学生课前感知、课中探索、课后实践，充分体现了“做中学，学中做”的教育特色，能够更好地引导学生学习，培养学生的实践能力。

5. 巧设模块，可读性强

为了方便学生理解和掌握相关知识，本书在每个项目前后分别设置了“引导案例”“实战演练”模块，每个项目中都编排了若干探索专题，每个探索专题中均设有 “案例精选”“课堂互动”“拓展阅读”“砥节砺行”等栏目，具有较强的趣味性、指导性和实用性。

- **引导案例：**通过生动有趣的案例引出所学内容，激发学生的学习兴趣。
- **实战演练：**引导学生通过实践活动思考问题并巩固所学知识，促使学生自主探究，帮助学生开拓思维，进而全面提升学生的职业生涯规划能力和就业能力。
- **案例精选：**选用贴合学生实际生活的案例，能帮助学生更好地理解所学内容。
- **课堂互动：**结合正文内容设置各种讨论活动，可以调节学习节奏，活跃课堂气氛，并引导学生积极思考。
- **拓展阅读：**选用新颖、实用且能体现时代精神的阅读材料，能帮助学生开阔视野、拓宽思维，更好地理解正文知识。
- **砥节砺行：**结合正文融入党的二十大报告的相关内容，旨在用党的二十大精神对学生进行价值引导、人格培育与精神滋养，促进大学生关注时事、关心国家、关注未来，并树立正确的人生观、价值观和就业观。

6. 平台支撑，数字教学

本书在重要知识点处设置了微课二维码，学生可以通过扫码观看微课视频，更加直观地认知职业生涯，探索职业世界，品读职场故事，并增强学习的自主性与趣味性。

与此同时，为了方便学校管理、教师教学和学生自学，本书与集教学管理、教学支撑于一体的文旌综合教育平台“文旌课堂”（www.wenjingketang.com）开展深度合作，学校可借助该平台管理校本课程，教师可借助该平台管理各种教学资源（如教学课件、微课视频等）、布置作业、组织考试，学生可借助该平台下载课外资源、提交作业、进行线上练习、参加考试等。师生在教与学的过程中有任何疑问，都可以登录该平台寻求帮助。

本书由文武担任主编，徐佩担任副主编，阮碧辉担任主审。本书在编写过程中，参考了大量的资料并引用了部分文章。这些引用的资料大部分已获授权，但由于部分资料来自网络，我们未能确认出处，也暂时无法联系到原作者。对此，我们深表歉意，并欢迎原作者随时与我们联系，我们将按规定支付酬劳。

由于编者水平有限，书中存在的疏漏与不当之处，敬请广大读者批评指正。

目录

职业生涯规划篇

就业指导篇

职业生涯规划篇

项目一

立鸿鹄志，做逐梦人
——职业生涯认知

学习目标

知识目标

- 熟记职业和职业生涯的概念。
- 熟记职业生涯规划的概念、类型和特点。
- 了解职业生涯规划的意义、原则与步骤。
- 了解职业兴趣及其对职业发展的影响。

能力目标

- 能够根据自己的实际情况，为自己规划职业生涯。
- 能够运用霍兰德六角模型测评自己的职业兴趣，并进行相应的职业规划。
- 能够独立撰写职业生涯规划书。

素质目标

- 树立为人民服务的意识，将自己的理想与祖国前途、民族命运联系起来，愿意为实现中国梦而努力奋斗。
- 深刻认识到每个人都是与众不同的，愿意客观地认识自己，并给予他人包容和欣赏，积极构建和谐美好的人际关系。

引导案例——我的人生我做主

小黄高中毕业后考入某高校，学习电子科学与技术专业。大学生活开始后不久，小黄看到老师拿着律考书，不由想起自己的父亲经商由于不懂法律被骗。于是，他有了学习法律、将来成为律师的想法。在得到老师的鼓励后，小黄辅修了法学双学位。在小黄的努力下，他在毕业时成功获得法学学士学位。他还参加了司法考试，获得了律师资格证书。

在法学本科和律考目标都顺利达成后，小黄开始重新审视自己。他觉得自己与法学专业的同学相比，存在不小的差距。于是，他继续努力学习，考上了某大学法学院的公费研究生，读民商法专业。在读研究生的过程中，小黄在强化日常学习的同时仔细分析民商法专业的就业前景，给自己确定了新的目标——从事律师非诉讼业务中的资本与证券运作工作。研究生毕业后，小黄凭借自己出色的专业能力顺利加盟北京某知名律师事务所，主要从事公司上市、并购与融资等业务的法律咨询工作。但是，小黄对自己现在的成绩并不满足，他又给自己定了下一个目标——学习私募投资或风险投资业务的相关知识，拓展自己的知识领域。

回忆过去的学习之路，小黄感慨颇多。他从上大学开始，就一直在为自己规划将来的职业道路，并为实现目标而不断努力，从而为自己创造了一个光明的未来。小黄觉得，总结自己过去的经历，可以将其归纳为 7 个字，那就是“我的人生我做主”。

很多在校大学生认为，只有走出校园，准备参加工作时，才需要进行职业生涯规划。其实这种想法是错误的。大学生应该像小黄一样，主动培养规划意识，掌握一定的职业生涯规划方法，提前进行职业生涯规划。如果在大学期间没有提早进行规划，大学生就可能会在大学毕业、面临人生的重要选择时犹豫不决，从而影响自己将来的职业发展。

探索一 认识职业与职业生涯

一、职业

（一）职业的概念

职业是指个体为了谋生和发展而从事的相对稳定、可获得经济收入的专门类别的社会劳动。职业可以反映一个人的社会身份、文化与能力水平，也是一个人权利、义务和职责的载体。

职业的概念可以从以下 3 个方面来理解。

职业的作用

（1）并非任何工作都能成为职业，只有某种工作变得足够重要，能吸引个体长期、稳定地投入其中，并能让个体获得合理的劳动报酬、满足一定的物质需求时，这种工作才能成为职业。

（2）职业是个体获得的一种社会角色，个体必须按照这一社会角色的规范行事。

（3）职业能为个体提供实现其个人价值和社会价值的机会。

（二）职业的特征

1. 社会性

职业并不是自古就有的，它是社会分工的产物。每一种职业都是社会分工细化的结果，都对社会生产和社会进步起到了积极作用。个体可以在自己的职位上，为社会经济发展贡献自己的力量，实现自身的社会价值。

2. 经济性

人们从事某种职业活动的直接目的就是获得经济收入。个体在职业活动中承担一定的职责，并在完成职业任务后获取相应的报酬，即职业收入。职业收入不仅是社会及用人单位给予个体的报酬，而且是个体维持自身及家庭生活的经济基础。

3. 专业性

个体无论从事何种职业，都必须遵守该职业的行为规范，包括职业道德规范、各种办事章程、操作规则等。某些职业的从业人员还必须进行较长时间专业知识的学习与专业技能的训练，并获得从业资格证书，如医生、律师、教师和会计等。

4. 稳定性

一种职业一旦产生，其生命周期就具有稳定性。但这种稳定性不是绝对的，科学技术的进步和生产力的发展会促使一些职业活动的内容发生变化，也会催生一些新职业，淘汰一批旧职业。

课堂互动

下列选项中，哪些是职业，哪些不是职业？为什么？

A. 教师　B. 公交车司机　C. 志愿者　D. 调味品品评师　E. 街头艺人

F. 护士　G. 广场舞大妈　H. 小偷　I. 参加社会实践的大学生

（三）职业的分类

所谓职业分类，是指依据一定的分类原则，采用一定的方法对从业人员从事的各种专门化的社会职责所进行的全面、系统的分类。2022 年 9 月，我国人力资源和社会保障部向社会颁布了新修订的《中华人民共和国职业分类大典》（以下简称“新版大典”）。新版大典包括 8 个大类、79 个中类、450 个小类、1 639 个细类（职业）和 2 967 个工种。

具体来说，新版大典所规定的 8 个职业大类如下。

❖ **第一大类**：党的机关、国家机关、群众团体和社会组织、企事业单位负责人。

❖ **第二大类**：专业技术人员。

❖ **第三大类**：办事人员和有关人员。

❖ **第四大类**：社会生产服务和生活服务人员。

❖ **第五大类**：农、林、牧、渔业生产及辅助人员。

❖ **第六大类**：生产制造及有关人员。

❖ **第七大类**：军队人员。

❖ **第八大类**：不便分类的其他从业人员。

新版大典标识了 97 个数字职业，约占职业总数的 6%；同时延续了 2015 年版大典对绿色职业标注的做法，标注了 134 个绿色职业，约占职业总数的 8%。新版大典中既是数字职业也是绿色职业的职业，共有 23 个。

此次新版大典，特别是新增职业的发布，对于增强从业人员的社会认同度、促进就业创业、引领职业教育培训改革、推动经济高质量发展等，都具有重要意义。

课堂互动

请查找新版《中华人民共和国职业分类大典》的相关资料，说一说今后你希望从事的职业属于新版大典中的哪个大类、哪个中类。

二、职业生涯

（一）职业生涯的概念

职业生涯有狭义和广义之分。狭义的职业生涯仅指客观的工作经历，以及与工作有关的行为，其开始于任职前的职业学习和培训，终止于退休。广义的职业生涯则贯穿于人的一生，是指一个人一生中所有与职业相联系的行为与活动，以及相关的态度和价值观等，它反映一个人一生中职业和职位的变迁过程，以及职业理想的实现过程。

砥节砺行

2021年4月19日，习近平总书记在清华大学考察时指出，“当代中国青年是与新时代同向同行、共同前进的一代，生逢盛世，肩负重任”，广大青年要“在攀登知识高峰中追求卓越，在肩负时代重任时行胜于言，在真刀真枪的实干中成就一番事业”，并嘱咐大学生要爱国爱民、锤炼品德、勇于创新、实学实干。当代大学生是民族复兴伟大进程的见证者和参与者，也是社会主义事业的生力军，应担当起党和人民赋予的历史重任，努力学好专业知识，掌握必要的专业技能，做好职业生涯规划，在激扬青春、开拓人生、奉献社会的进程中书写无愧于时代的篇章。

（二）舒伯的职业生涯阶段理论

美国职业管理专家舒伯是职业发展阶段研究领域中的权威专家之一。他将职业生涯的动态过程分为时间维度上的5个阶段，即成长阶段（14岁之前）、探索阶段（15～24岁）、建立阶段（25～44岁）、维持阶段（45～64岁）和衰退阶段（65岁及以上），并总结了各个阶段的发展特点，如表1-1所示。这5个阶段各有其独特的职责、角色及发展任务，并且前一阶段发展任务的完成情况会影响下一阶段的发展。

表1-1　职业生涯阶段及其特点

<table>
<tr><th colspan="2">阶段</th><th>年龄</th><th colspan="2">主要特点</th></tr>
<tr><td rowspan="3">成长阶段</td><td>幻想期</td><td>10岁之前</td><td colspan="2">以“需要”为主导，在幻想中进行职业角色扮演</td></tr>
<tr><td>兴趣期</td><td>11～12岁</td><td colspan="2">以“喜好”为主导，本着内心喜好去理解和评价职业</td></tr>
<tr><td>能力期</td><td>13～14岁</td><td colspan="2">以“能力”为主导，主要考虑自己能做什么，能有意识地进行能力的培养</td></tr>
<tr><td rowspan="3">探索阶段</td><td>试探期</td><td>15～17岁</td><td>在做决定时开始考虑自己的需要、兴趣和能力</td><td rowspan="3">学习并为职业发展打基础，使职业偏好逐渐具体化、特定化</td></tr>
<tr><td>过渡期</td><td>18～21岁</td><td>进入就业市场，实现就业；力图在职业领域实现自己的想法</td></tr>
<tr><td>试验承诺期</td><td>22～24岁</td><td>初步确定职业，尝试将最初的职业转化为长期职业；如果不合适，则会再次确定自己的职业方向</td></tr>
<tr><td rowspan="2">建立阶段（核心阶段）</td><td>尝试期</td><td>25～30岁</td><td>寻求稳定的职业生活；有些人对当前职业不满意，会考虑换一个职业领域</td><td rowspan="2">寻求稳定的职业发展方向</td></tr>
<tr><td>稳定期</td><td>31～44岁</td><td>工作逐渐稳定下来，职业发展方向较为明确</td></tr>
</table>

（续表）

阶段	年龄	主要特点
维持阶段	45～65 岁	需要面对新人的挑战，并在维持既有的成就和地位的基础上，谋求职位和社会地位的提升；极少数人会开辟新的职业领域，寻求新的职业发展
衰退阶段	65 岁以上	由于年龄不断增长，身体健康状况、体力、精力逐渐衰退，个体工作能力开始下降；准备退出职场，并开始寻求可以代替职业角色的新角色

舒伯认为，在个人发展历程中，人随着年龄的增长而扮演不同的角色，一个人一生中扮演的诸多角色就像彩虹一样具有许多色带。为了综合阐述生涯发展阶段与角色之间的相互影响，舒伯用“生涯彩虹图”创造性地描绘出一个多重角色生涯发展的图形，如图 1-1 所示。在生涯彩虹图中，纵向层面由一组角色组成，由内到外依次为子女、学生、休闲者、公民、工作者和持家者 6 种。这些角色相互影响，交织出个人独特的生涯类型。生涯彩虹图的最外圈为生命阶段与年龄，内圈阴影部分代表不同的角色，它们的范围、长短不一，表示在不同年龄阶段各角色所占的分量不一；在同一年龄阶段，一个人可能同时扮演多个角色；一个人投射在各角色的精力用颜色的宽度表示。

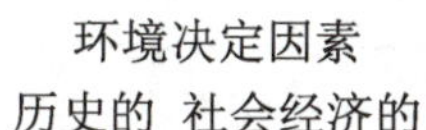

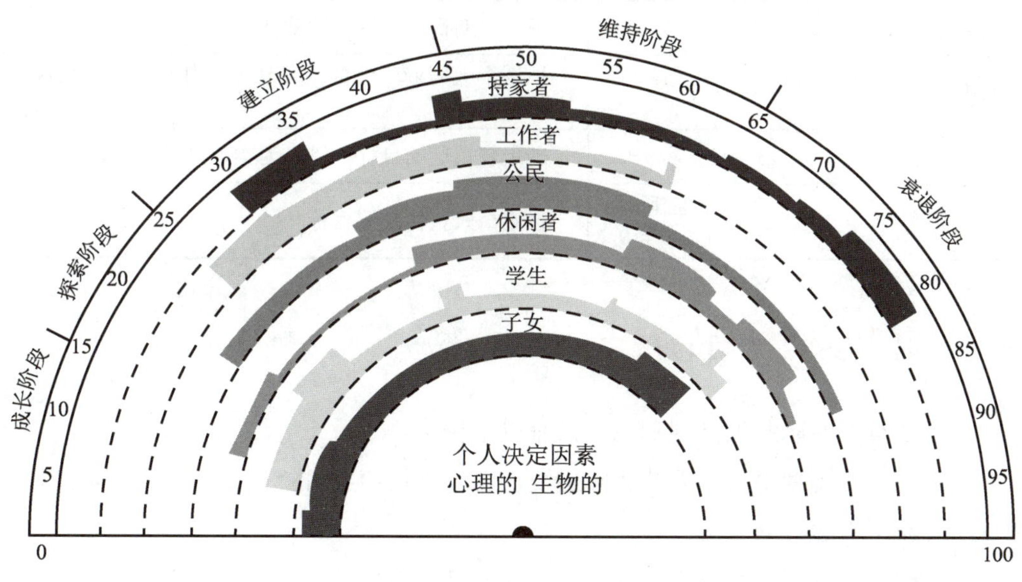

图 1-1　生涯彩虹图

根据舒伯的生涯阶段理论，大学生正处于生涯发展的探索阶段，应主动培养和发展自我概念和职业概念，并综合考虑自己的需要、兴趣、能力、价值观等进行职业生涯规划，从而为实现自己的生涯目标做出行之有效的安排。

探索二 了解职业生涯规划

一、职业生涯规划的概念和类型

职业生涯规划是指在分析、测定职业生涯主观和客观条件的基础上，对自己的兴趣、爱好、能力、价值观、职业素质等进行综合分析与权衡，确定最适合的职业奋斗目标，并为实现这一目标做出有效的安排。简单地说，职业生涯规划就是对整个职业经历进行规划。

一般来说，职业生涯规划按时间长短的不同可分为短期规划、中期规划、长期规划和人生规划 4 种类型，如表 1-2 所示。

表 1-2 职业生涯规划的类型

类型	规划年限	主要任务
短期规划	2～3 年	确定近期目标，规划近期任务
中期规划	3～5 年	规划个人职业生涯的重点任务，并根据实际情况随时进行调整
长期规划	5～10 年	制定较长远的目标，以及为实现目标所采取的措施
人生规划	整个职业生涯（时间可长达 40 年）	设定个人整体发展目标

二、职业生涯规划的特点

一份行之有效的职业生涯规划应该具有以下特点。

- 可行性。规划要从个人的实际出发，它应该是切实可行的任务，而不是美好的幻想或不着边际的梦想。
- 适时性。规划是预测未来的行动，需要确定将来的目标和具体的任务。因此，各项主要活动应该何时实施并在何时完成，都需要在规划中进行时间和顺序上的妥善安排，以便使规划成为检查行动的依据。

❖ 适应性。未来的职业生涯牵涉到多种可变因素，因此规划应有一定的弹性，以增加其适应性。

❖ 连续性。职业生涯是一个连续不断的过程，因此规划应有一定的连续性。

三、职业生涯规划的意义

职业生涯规划的意义可以归纳为以下几个方面。

（一）有助于发掘自我潜能，增强个人实力

职业生涯规划能够引导个体正确地认识自身的个性特质、现有的与潜在的资源优势，从而重新定位自己的价值并使其持续增值；能够引导个体对比分析自己的综合优势与劣势，评估目标与现实之间的差距，从而做出与实际相符的职业定位；能够促使个体发掘自身潜能，增强自身实力，从而探索或发现新的职业机会。

一条心之所向的道路

在实际生活中，大学生有时会对理想或人生充满疑虑，甚至因为害怕不能实现目标而裹足不前。出现这种情况的主要原因就是大学生存在内在障碍和外在障碍。当职业生涯规划帮助大学生突破内在障碍和外在障碍之后，大学生的个人潜能就能被激发，使大学生充满力量，自觉克服困难、积极进取、重拾信心，从而提高自身实力，最终达到自我实现的目的。

（二）有助于明确发展目标，提升成功概率

职业生涯规划的功能在于为职业生涯设定目标，并明确达成目标所需要的步骤。确定职业生涯目标是一个探索的过程，这个过程可以帮助个体逐步理清什么是有价值、有意义的，从而为个体带来希望、指明方向，促使个体在职业生涯中突破重重障碍，最终实现既定目标，获得事业上的成功，实现人生理想。

（三）有助于不断完善自我，提升竞争实力

职业生涯规划是个体结合自身特点与职业特点制订的具有理论性、科学性和可操作性的指导性计划。它可以促使大学生采取科学的方法和可行的措施，有针对性地学习和实践，从而不断地完善自己，增强自身的职业竞争能力。

课堂互动

某权威研究机构曾对哈佛大学的一个毕业班进行了一项调查。调查显示，80%的毕业生不曾有过明确的目标或抱负；15%的毕业生大致想过自己的目标和抱负，但仅

仅是想过而已；仅有 5%的毕业生拥有明确的目标和行动计划。30 年后，这家研究机构对这个班的学生再次进行了调查。调查显示，当年拥有明确目标和抱负的那 5%的毕业生，基本上都按照自己的规划实现了目标，并且他们大部分都具有一定的社会地位，所拥有的资产也远远超过其他班级成员。

请思考：这个故事对你有什么启发？

四、职业生涯规划的基本原则

大学生进行职业生涯规划时，应遵循以下基本原则。

（一）适应社会原则

职业活动作为一种社会活动，必然会受到社会需求的制约。如果个体的职业观念和职业规划脱离社会需求，那么其职业活动将很难被社会接纳。因此，大学生在进行职业生涯规划时应看清现实社会与未来的发展趋势，把握社会对人才的需求状况，以社会需求作为出发点和归宿点，确保个人能力与社会需求相统一、个人愿望与社会需要相结合，以使自己的职业生涯规划具有现实性和可行性。

砥节砺行

个人职业的发展尤其是大学生的发展，与国家、民族的繁荣富强密切相关。党的二十大报告指出，当代青年“要坚定不移听党话、跟党走，怀抱梦想又脚踏实地，敢想敢为又善作善成，立志做有理想、敢担当、能吃苦、肯奋斗的新时代好青年，让青春在全面建设社会主义现代化国家的火热实践中绽放绚丽之花”。

大学生在职业生涯规划时应立足长远，将自己的职业理想融入国家发展的时代浪潮中，将自己的职业发展与社会需求、国家命运联系起来，以青春之我、奋斗之我，为祖国建设添砖加瓦，为民族复兴铺路架桥，为全面建设社会主义现代化国家、全面推进中华民族伟大复兴贡献青春力量。

（二）专业相关原则

每个专业都有特定的培养目标和就业方向，这是职业生涯规划的基本依据。如果个体的职业与其专业不匹配，那么个体势必要付出一定的职业转换成本。这对于个体和社会而言，都是巨大的资源浪费。因此，大学生在进行职业生涯规划时，一定要认真分析自己的专业，强化自己的专业知识与技能，以专业特色和能力要求为导向，规划自己的学习与生

活，力求未来职业与所学专业相匹配。

（三）人职匹配原则

职业生涯规划强调岗位适应性和人职匹配。大学生在进行职业生涯规划时一定要充分考虑自己的个性倾向性、个性心理特征、能力、特长等。其中，个性倾向性包括需求、兴趣、动机、理想、信念和世界观等；个性心理特征主要包括气质与性格等。只有个性倾向性、个性心理特征、能力、特长与岗位相匹配，个体才能充分发挥自己的优势。

（四）时间梯度原则

在进行职业生涯规划时，大学生应根据人生的不同发展阶段，将整个职业生涯划分为若干阶段，在不同阶段完成不同的职业生涯任务。同时，大学生应为每个阶段设置明确的起止时间，即“开始执行”和“实现目标”两个时间坐标。如果各项任务的完成没有明确的截止日期，职业生涯规划就会陷入空谈。

五、职业生涯规划的步骤

一个系统的职业生涯规划应包括觉知与承诺、认识自我、认识工作世界、决策、行动、再评估 6 个基本步骤。

（一）觉知与承诺

在这一阶段，大学生需要了解职业生涯规划的相关信息和案例，以及职业生涯规划的基本情况，并认识到职业生涯规划对于个体发展的重要意义，觉察到现在进行职业生涯规划或进行再规划（规划的调整和完善）的必要性；愿意花时间规划自己的职业生涯，愿意为自己制订的规划付出努力。同时，大学生还需要明白职业生涯规划是一个过程，是面对职业生涯发展的一种态度，是对未来职业发展方向的深入思考，它未必马上能为自己带来理想的工作。

（二）认识自我

在这一阶段，大学生需要了解自己的人格特质、兴趣爱好、价值观和能力等。大学生对自我的认识有时是片面的，或者只停留在表面上，因而大学生有必要通过反思进行自我剖析。

大学生还可以借助他人的评价来认识自我（如请家长、老师、同学等对自己进行分析评价），也可以借助专业的职业测评工具进行测试评定，以便全方位、多角度地认识自我。

（三）认识工作世界

每个人都生存在一定的环境中，离开这个环境便失去了存在和发展的意义。因此，大学生在进行职业生涯规划时，必须对工作世界进行充分的探索，以便自己能够在复杂的环境中趋利避害。

在这一阶段，大学生需要了解工作世界的宏观发展趋势、具体职业对从业者的要求、具体职位的任职要求、职位待遇及晋升通道等情况。

（四）决策

在这一阶段，大学生需要在正确认识自我和职业世界的基础上，整合与评估信息、设定职业生涯目标和实施路径。在决策过程中，大学生可能会遇到一些难以取舍的问题，并且会面临风险与责任带来的压力。因此，这一过程对尚未进入职场的大学生而言是一个非常好的历练机会。

在做职业生涯决策的时候，大学生首先应了解自己平时的决策习惯，让自己尽可能地保持一种平和的心态，然后综合分析自我和职业世界，进而进行决策。大学生进行决策时，需要考虑以下两点。

1. 确定职业生涯目标

大学生应当确定职业生涯目标，明确自己毕业后进入什么行业、从事什么职业。在确定职业生涯目标时，大学生应当以社会发展的需求为依据，充分考虑自己的兴趣爱好和专业能力。在初步确定了自己的职业生涯目标之后，大学生还应对职业生涯目标进行分解，列出中期目标和短期目标，并制订具有可行性的行动计划。

2. 明确职业生涯路径

职业生涯路径是指个体实现自己职业生涯目标的具体路线。例如，工作后准备走管理路线，还是走技术路线等。发展路线不同，职业发展的要求也不相同。在职业发展道路中，每个人都有适合自身发展的路线。个体可以选择不同的行业，在同一行业里也可以选择不同的企业，在同一企业里还可以选择不同的职位。因此，大学生必须在职业生涯规划中做出选择，以使自己的学习、生活和工作按照设定的职业生涯路径前进。

在确定职业生涯路径时，大学生可以从志向取向、能力取向和机会取向 3 个方面进行，如图 1-2 所示。

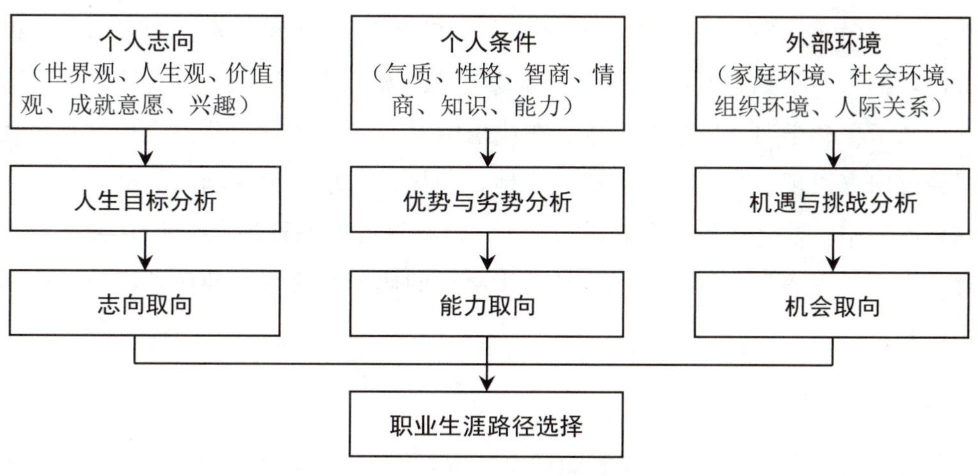

图 1-2　职业生涯路径选择图

（五）行动

行动是将制订的具体行动计划与措施一一落实的过程，是决策的延伸。在这一阶段，大学生要将行动计划与措施层层分解、具体落实，并定期检查和及时调整。此外，大学生还应结合自己的职业生涯规划，了解和学习一些与自己的目标职业相关的知识，以便为未来的求职做准备。

（六）再评估

职业生涯规划涉及人和职业世界的方方面面，由于人和事物都是在不断变化的，因而大学生有必要经常对职业生涯规划的执行情况进行再评估，审视生涯目标和发展路径是否恰当，以便做出必要的调整与修正，从而使职业生涯规划不断适应新的环境。

探索三　认识职业兴趣

一、兴趣与职业兴趣

（一）兴趣的概念

兴趣是一个人力求接触、认识、探究、掌握某种事物和参与某种活动的意识倾向。它表现为人们对某件事物、某项活动的选择性态度和积极的情绪反应，可以为一个人所从事的职业提供持久的动力，是影响一个人职业选择和发展的重要情感性倾向因素之一。

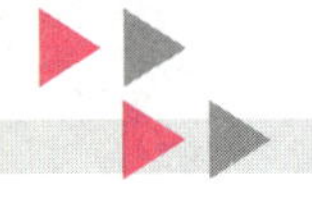

孔子说："知之者不如好之者，好之者不如乐之者。"意思是说，对于学习来说，了解怎么学习的人，不如喜爱学习的人；喜爱学习的人，又不如以学习为乐的人。这句话生动地说明了主动学习、以学习为乐、在快乐中学习这 3 种学习状态。匈牙利心理学家米哈里经过研究发现，当人们在专心致志地、积极地从事某种活动，甚至忘我地完全沉浸在这种活动中时，会感到最为愉快和满足。他将这种状态称为"心流"，并在一生中对其进行了广泛、深入的研究。孔子的话与米哈里的研究都说明兴趣在人们的生活和学习中非常重要。

（二）职业兴趣的概念

职业兴趣是指个体积极探究某种职业或从事某种职业活动时所表现出来的心理倾向。几乎每一种兴趣都可以和某种职业联系起来，成为职业兴趣。职业兴趣能让个体主动关注某种职业，激发个体从事这种职业的动机，并增强其克服想要从事这种职业时所遇困难的信心和决心，使其充分发挥职业潜能。

发现自己的职业兴趣，不仅能促使大学生获得目标管理能力，督促大学生自觉培养自己的专业习惯，以应对未来的职业需要，还能帮助大学生规避日后就业时的盲目性和不稳定性，早日进入职业发展阶段。

需要注意的是，不是所有的兴趣都会在职业上得到满足。如果大学生感兴趣的事情无法发展成职业，则大学生可以通过其他方式来满足自己的需求，如做兼职、参加志愿者服务、参与社会活动、将兴趣变成业余爱好等。

课堂互动

有的同学说自己的爱好是打游戏，那么如何区分他所说的打游戏是出于兴趣还是为了打发时间呢？

二、职业兴趣对职业发展的影响

大量研究表明，兴趣与工作满意度、职业稳定性和职业成就感之间存在着明显的关联。一般来说，如果一个人对自己的职业不感兴趣，那么其很难对自己的工作感到满意，这会导致其职业发展不稳定；相反，如果一个人对自己的职业感兴趣，那么其内心就会拥有源源不断的动力，促使自己全身心地投入工作中，并不断提高自己应对挫折及解决问题的能力，其职业满意度将得到提高，职业稳定性将得以增强。

具体来说，兴趣对职业发展的影响主要表现在以下几个方面。

首先，职业兴趣可以影响个体的职业定位。一般来说，个体在进行职业定位时都会优先寻找与自己职业兴趣相吻合的职业。理想的职业发展状态应该是“合适的人从事合适的工作”。

火眼金睛，辨别真假兴趣

其次，职业兴趣能够激发个体的潜能。如果所从事的职业与个体的职业兴趣相吻合，个体就会获得源源不断的内在动力，进而全身心地投入工作，并不断地提升个体应对挫折及解决问题的能力。如果所从事的职业与个体的职业兴趣不吻合，个体就很难有持久的工作热情。

最后，职业兴趣可以提升职业满意度，增强职业稳定性。美国心理学教授米哈利曾花 30 多年时间研究人类的兴趣。他经过调查后发现，当人们专心致志地从事某种活动、忘我地沉浸在这种活动中的时候，他们感到最为愉快和满足。米哈利的这一发现表明，人们的满足感、幸福感往往来源于从事自己感兴趣的某种活动，而不是无所事事或单纯的享乐游玩。这就说明，个体在从事自己感兴趣的职业时，也能从工作中获得愉悦感、价值感和满足感，从而对工作产生更为深刻的认同感。这样，其职业满意度就容易得到提高，职业稳定性也能得到保证。

总之，职业与职业兴趣相吻合是个体职业发展的最理想状态。

课堂互动

请你在下列符合自己现状的选项后画“√”。

（1）对所学专业感兴趣。

A. 了解自己的专业，觉得所学专业与自己的兴趣相符。（　　）

B. 刚开始不了解自己的专业，但通过学习发现自己对专业越来越感兴趣了。（　　）

（2）不知道自己是否对所学专业感兴趣。

A. 迷茫，不爱学习，听课时容易想别的事情，无法专注。（　　）

B. 能学点就学点，不学也没什么感觉，能学的时候有点兴趣。（　　）

（3）对所学专业不感兴趣。

A. 不了解自己的专业，主要是不爱学习造成的。（　　）

B. 对本专业了解一些，不过是家长帮忙选的，自己并不愿意选择这个专业。（　　）

C. 本来有点喜欢自己的专业，可是成绩不好，慢慢地就不感兴趣了。（　　）

D. 听别人说这个专业很好，但了解后感觉并不理想。（　　）

请思考：你属于上述哪一种类型？有人说如果对自己所学专业不感兴趣，就一定要转专业，这种想法对吗？为什么？

三、霍兰德职业兴趣理论

目前，在职业兴趣研究领域影响力较大的是著名心理学家、职业指导专家约翰·霍兰德所提出的职业兴趣理论。霍兰德认为，职业选择是人格的一种表现，某一类型的职业通常会吸引具有相同人格特质的人。这种人格特质反映在职业上，就是职业兴趣。

（一）职业兴趣的类型

通过研究，霍兰德将人的职业兴趣分为实用型（realistic，简称 R）、研究型（investigative，简称 I）、艺术型（artistic，简称 A）、社会型（social，简称 S）、企业型（enterprising，简称 E）和事务型（conventional，简称 C）6 种类型。霍兰德还根据这 6 种职业兴趣，将职业也分成 6 种类型，具体如表 1-3 所示。

表 1-3　霍兰德职业兴趣类型

类型	喜欢的活动	职业能力要求	典型职业
实用型（R）	喜欢用实际行动代替言语表达，重视现在胜于重视未来；喜欢从事操作性的工作，善于使用工具，动手能力强	能使用手工或机械技能对物体、工具、机器等进行操作	园艺师、木匠、修理工、工程师、军人、运动员、外科医生等
研究型（I）	喜欢思考、分析和研究抽象问题；喜欢不断探索未知的领域，求知欲强；喜欢独立工作	有分析问题并创造性地解决问题的能力；思维缜密，能独立工作；有一定的写作能力	实验室工作人员、心理学家、化学家、物理学家、生物学家、计算机分析师、营养师、统计员、心理学家、工程师、记者等
艺术型（A）	喜欢通过有创造力的自我表达来表现自己的个性、实现自身的价值；喜欢文学、音乐、艺术和表演等具有创造性的工作；重视作品的原创性和创意	具有丰富的想象力和创造力；具备较强的情感表达能力；具有一定的艺术才能；乐于独立思考	作家、艺术家、演员、导演、艺术设计师、雕刻家、建筑师、摄影家、广告制作人、室内装潢设计师等
社会型（S）	喜欢与人合作，热情，关心他人，愿意帮助别人解决困难，为他人提供服务	具备良好的人际交往能力；具备教导、医治、帮助他人的能力；关爱他人，愿意承担社会责任	教师、社会工作者、警察、顾问、运动教练、心理咨询师、护士等
企业型（E）	喜欢领导和支配他人；喜欢向他人推销自己的观念或产品，以达到个人或组织的目标；追求经济和社会地位上的成功；喜欢竞争，敢冒风险；喜欢在组织和计划好一件事情后立刻采取行动	目标明确；敢于承担风险；具备说服他人或支配他人的能力	公关代表、销售、经理人、政治家、律师、制片人等

（续表）

类型	喜欢的活动	职业能力要求	典型职业
事务型（C）	喜欢固定的、有秩序的工作和活动；愿意遵守秩序，喜欢按计划办事，做事仔细、有条理、有效率；愿意听从他人的领导，乐于配合和服从	具备一定的组织能力和计划能力；能够按时完成工作并达到相应的要求；有条理，细心；能掌握文书技巧	文字编辑、会计师、税务员、计算机操作员、行政助理、银行出纳员、秘书等

（二）6种职业兴趣之间的关系

霍兰德认为，个人的职业兴趣往往是多方面的，很少只集中在某一类型上。因此，他用3个字母（代表3种兴趣类型）组成的代码来表示个体的职业兴趣，这个代码就称为“霍兰德代码”。3个字母的顺序表示不同兴趣类型强弱程度的不同，其中占主导地位的兴趣类型可以为个人选择职业和工作环境提供参考。例如，RCS和SCR的人具有相同的兴趣，但是他们对同一事物的兴趣强弱程度不同，前者偏向实用型，后者倾向社会型。

为了更好地表达6种职业兴趣之间的关系，霍兰德提出了六角模型。六角模型将6种兴趣类型按照一个固定的顺序排成一个六边形RIASEC，如图1-3所示。在六角模型中，两种类型之间的距离代表它们之间的相似程度：相邻的两种类型相似性最大，处在对角线位置上的两种类型则相似性最少。

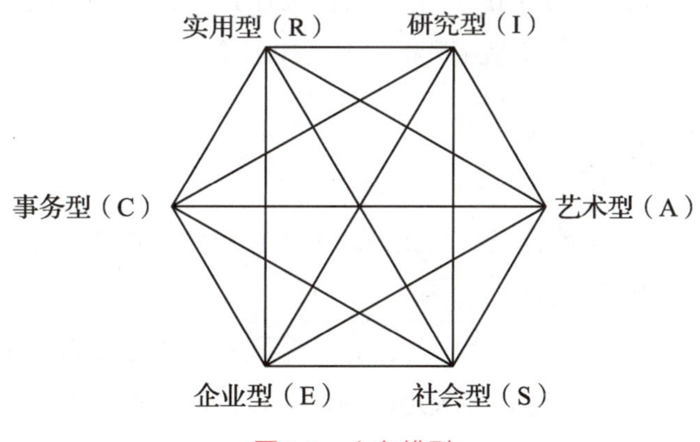

图1-3　六角模型

从图1-3中可以看出，每一种职业兴趣与其他职业兴趣之间存在不同的关系，这种关系一般可以分为以下3类。

- **相邻关系：**包括RI、IR、IA、AI、AS、SA、SE、ES、EC、CE、CR和RC。属于相邻关系的两种类型之间有较多的共同点。
- **相隔关系：**包括RA、RE、IC、IS、AR、AE、SI、SC、EA、ER、CI和CS。属于相隔关系的两种类型之间的共同点较相邻关系的少。

❖ **相对关系：**包括 RS、IE、AC、SR、EI 和 CA。属于相对关系的两种类型在六边形上处于对角位置，它们之间的共同点少。一个人同时拥有属于相对关系的两种兴趣的情况较为少见。

霍兰德认为，某一类型的从业者与该类型的职业结合，能达到最佳的适应状态；某一类型的从业者与属于相邻关系的职业结合，较容易达到适应状态；某一类型的从业者与属于相隔关系的职业结合，经过艰苦努力，也能达到适应状态；某一类型的从业者与属于相对关系的职业结合，则很难达到适应状态。个人兴趣类型和职业之间的适配度将影响个体的工作满意度、职业稳定性和职业成就感。

霍兰德代码中占主导地位的兴趣类型可以为个人选择职业和工作环境提供方向，因此，大学生可以通过霍兰德代码了解自己的职业兴趣，并根据它来探索及理解工作世界。通过自我探索活动或者测评工具得出自己的兴趣代码后，大学生就可以对照霍兰德代码找出与之相配的职业，从而了解适合自己的工作领域，为自己选择职业提供方向（霍兰德职业兴趣代码与相应职业的对照表见附录）。

需要注意的是，在日常生活中，专业和职业并不是简单的一对一关系，同一个专业有许多职业可以选择。例如，一个学习数控专业的学生，可以从事数控机床的生产（R、C）、数控机床的研发（R、I）、数控机床的售后（S、C）、数控机床的教学（S、I），还可以成为数控机床企业老板（E、S）。因此，大学生在进行职业选择时，既要注重个人兴趣和职业相匹配，又要以发展的眼光来看待职业，不要被理论束缚。

四、职业兴趣的培养

大学生可以通过主动培养自己的职业兴趣来改善求职择业的情况。想要培养自己的职业兴趣，大学生应做到以下几点。

（1）重点培养某一方面的兴趣。大学生应着重培养自己在某一方面的兴趣，并将自己的兴趣与所学专业结合在一起，最大可能地满足自己的愿望。例如，一个学生喜欢幼教工作，却选择了护理专业，那么他可以考虑将来做一名儿科护士，或者到幼儿园当一名保健员。

（2）保持兴趣稳定。大学生在培养兴趣时，不能“朝三暮四”“见异思迁”，而应注重培养持久、稳定的兴趣，这样才能投入更多的精力深入钻研相关内容。另外，在培养兴趣时，大学生还应客观地评价自己的能力，只有在自身能力基础上形成的兴趣才是持久的、稳定的。

（3）积极参加职业实践活动。职业实践活动包括生产实习、社会调查、参观访问等。

每一个大学生都可以根据社会和自我需要，通过参加各种职业实践活动有意识地培养和发展自己的兴趣，为事业成功创造有利条件。

需要注意的是，在现实中，兴趣与职业完全匹配的情况只是一种理想状态。大学生即使不得不从事与自己的兴趣爱好不匹配的工作，也没有必要沮丧，因为人的兴趣是可以培养的。社会的需要是职业兴趣产生的基础。大学生可以通过深入了解工作内容，努力钻研并不断取得成绩来鼓励自己，培养自己对职业的兴趣。

案例精选

职业兴趣的妙用

小王所在的公司最近总是收到顾客对一线员工的投诉。总经理要求小王所在的人力资源部门介入调查，并在一个月内找出答案——是员工的素质问题、领导的方法问题，还是管理制度的问题。

刚来公司3个月就遇到这么难处理的问题，对小王来说确实是一个不小的挑战。小王的公司实行的是主管考评的绩效管理制度。但对直接服务顾客的一线员工，公司也会同时进行顾客满意度的跟踪调查。针对每个员工，公司每个月会联系25位顾客，请他们就所接受服务的质量打分，调查持续12个月，每个员工会得到300位顾客的评分。小王经过初步调查，有一个奇怪的发现：在公司销售部、售后服务部、咨询部共300多名一线员工中，很多能得到上级主管好评的一线员工，其顾客评分较低；相反，很多能得到顾客好评的一线员工，其上级主管评分较低。通过认真分析数据，小王和人力资源部门的同事发现，上级主管考评与顾客评分之间实际上并无明显联系。

正当小王感到茫然无措时，他突然想到了自己在上学时学的“霍兰德职业兴趣理论”。小王决定把这个理论应用到这次的调查中。在同事们的帮助下，他采用职业兴趣测试工具和性格测试工具对每个员工进行测试，再一对一面谈，以掌握每个人的霍兰德代码和性格特点。调查结果显示，在得到顾客较高评分的152名员工中，社会型的员工占96%；在得到上级主管较高评分的150名员工中，事务型的员工占98%。

这个结果说明，社会型的员工容易受到顾客的好评，而事务型的员工则容易受到上级主管的好评。同时，小王还发现另一个有趣的现象：参加调查的300多名员工分别是由李经理和张经理招聘录用的，在李经理挑选的员工中，事务型的占大多数；在张经理挑选的员工中，社会型的占大多数。而李经理本人是事务型的，张经理本人是社会型的。很明显，负责招聘的主管人员倾向于聘用与自己同类型的人。

有了调查数据，小王和同事胸有成竹地向领导提交了调查报告，并建议公司调整招聘制度和绩效管理制度，其主要内容如下。

（1）摈弃主管考评制度，代之以比较客观的业绩评估，即顾客满意度评分的绩效管理制度。

（2）把社会型职业兴趣类型作为招聘一线服务岗位员工的参考标准之一。在招聘一线员工时，先通过相关的测评工具挑选出社会型的候选人，然后由人力资源部门对其进行面试，最后由部门经理确定最终的人选。

公司采纳了小王和同事们的建议。进行以上改革半年后，该公司社会型的一线员工比例增长了26%，顾客对员工的评分大大提高。

（资料来源：搜狐网，有改动）

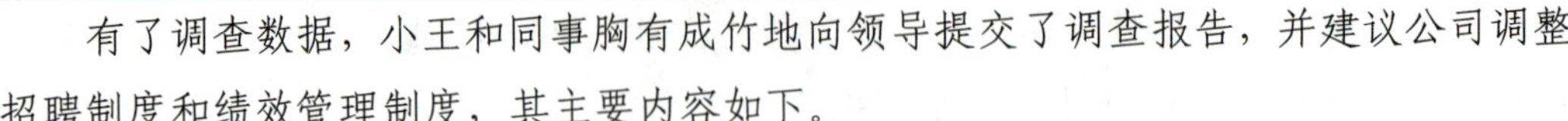

探索四 撰写职业生涯规划书

职业理想是大学生心中的宏伟蓝图，蓝图的实现需要合理的职业生涯规划来支撑。一份优秀的职业生涯规划书可以为大学生顺利地实现职业理想奠定良好的基础。

一、职业生涯规划书的内容

职业生涯规划书是职业生涯规划的书面呈现，它包括个人简介、自我评估、职业生涯外部环境分析、职业发展方向和目标、生涯策略、评估与调整等内容。

（一）个人简介

个人简介包括姓名、基本情况介绍（如专业、年级等）、规划的年限和起止时间等内容。其中，规划年限视个人具体情况而定，短则半年，长则5～10年，一般以3～5年为宜。

（二）自我评估

自我评估就是对自己进行全面而客观的分析，包括个人经历简述、个人性格评估、个人能力判断、个人职业倾向分析、个人职业价值观判断和总结等内容。

在自我评估的过程中，大学生应采用科学的方法对自己的性格、职业兴趣、职业能力、职业价值观等进行全面分析，弄清楚自己的优势与长处、劣势与不足。需要注意的是，大学生应当全面、客观地评估自己，不能以点代面、主观臆断。

（三）职业生涯外部环境分析

职业生涯外部环境分析包括社会环境分析、学校环境分析、家庭环境分析、组织环境分析、职业分析、岗位分析等内容。全面、客观地分析职业外部环境，有利于大学生做出科学、合理的职业生涯决策，使大学生的职业生涯规划更具有可操作性。

（四）职业发展方向和目标

大学生应把个人的职业性格、职业兴趣、特长、优缺点、专业技能、工作经验等内容与职业环境、岗位工作内容、职业发展前景、行业发展前景分析等内容相结合，进行综合性的分析，然后确定自身的职业发展方向及职业发展目标。

在确定职业发展目标时，大学生可以把职业目标进行分解，将其分为长期目标、中期目标及短期目标，还可以按照“SMART”模式来确定职业发展目标。“SMART”模式由5个英文单词的首字母组合而成，分别代表目标的5个特性，即具体的（specific）、可衡量的（measurable）、可达到的（attainable）、相关的（relevant）和基于时间的（time-based）。

- **具体的：**即目标必须是清晰的、具体的，并且可以产生行为导向作用。例如，“我要在今年考取教师资格证”“我必须在本周和客户签订合同”就是具体的目标，而“我要成为一个优秀的人”则不是一个具体的目标。
- **可衡量的：**即目标是可以用指标量化的，如“我必须每天背10个单词”“我要在本月完成1 000万元的销售量”等。
- **可达到的：**即设定的目标既要有一定的难度，又要能够通过努力实现。例如，“每天工作24个小时”“每天跑100千米”都是无法完成的目标，而“如果今天没有写完实验报告，则必须在晚上下课后补完”“我今天要跑3千米”则是可以实现的目标。
- **相关的：**即目标必须与现实生活紧密联系，也就是说，任何目标都应该与现实环境相适应。
- **基于时间的：**即目标的实现必须有确切的期限。

（五）生涯策略

生涯策略包括长期、中期、短期的职业生涯计划，各阶段计划的分目标，计划内容（如专业学习、职业技能及职业素养培养等），计划实施策略等内容。大学生应根据职业目标，结合自身实际情况，制订职业生涯发展路线并实施计划。

（六）评估与调整

评估与调整包括评估的事项、可能存在的风险及其应对方案、职业生涯路径的重新规划、阶段性目标的修正、实施措施与计划的变更等内容。大学生应针对职业生涯发展中可能会遇见的问题，制订改善和应对策略。

同时，由于人、事、物都是在不断发展和变化的，原来所做的职业生涯规划可能不再适合新的发展形势。大学生应定期对自己的职业生涯规划进行评估和调整，使其能够适应新的环境和职业发展趋势。

二、撰写职业生涯规划书的基本要求

（一）全面性

全面性要求职业生涯规划书的步骤完整、内容齐全、论证有据、分析到位。为实现这一要求，大学生在职业生涯规划书中应对照自己的职业测评结果，分析并明确自己的职业兴趣，再结合职业环境、社会科学技术的发展、政策法规的影响等来确定自己的职业发展方向，从而使自己的职业生涯规划书能够合理而全面。

（二）逻辑性

逻辑性要求职业生涯规划书结构严谨，逻辑清晰，用词精练、准确，行文流畅。

职业生涯规划书中一般会表述自己对职业生涯规划的认识、对自我的剖析、对所学专业的认识、对职业方向的探索，并确定目标和制订计划。大学生在对这些内容进行阐述时，必须紧紧围绕职业目标这条主线展开，从而体现规划的逻辑性和连贯性。

（三）可操作性

可操作性要求职业生涯规划书中的目标明确且合理。职业生涯规划书撰写得是否成功，在很大程度上取决于有无切实可行的目标。职业生涯目标不能过于理想化，应择己所爱、择己所长、择世所需、择己所利。

案例精选

职业生涯规划书

姓名：文××。

专业：艺术设计。

年级：大学二年级。

职业发展方向和目标：成为市场营销总监。

阶段目标：顺利毕业并成为一名设计师。

规划期限：5年。

起止时间：2021年9月至2026年7月。

个人分析：专业基础扎实；已通过大学英语四级考试；热情乐观，极具亲和力，具有较强的人际沟通能力；思维敏捷，表达能力较强；在大学期间长期担任学生会干部，有较强的组织协调能力；创新意识较强，有较强的学习能力。

外部环境分析：① 目前，我国设计师主要分布在经济发达地区，薪酬普遍较高；② 当前，设计师主要集中在建筑设计、室内设计、工业设计、服装设计、产品设计、平面设计、网站设计等职业领域，随着智能设备、机器人、物联网的兴起和高速发展，以及个性化时代对于生活品质的要求不断提高，未来几年，特别是在工业设计、环境设计、产品设计的细分领域中，将会出现巨大的人才缺口；③ 设计师的专业度会随着阅历、经验的增加而增加，有经验的设计师在激烈的人才竞争中具有较大的优势，这就使得设计师这个职业不会受到年龄增大的影响。

生涯策略主要包括以下几点。

（1）在学习方面，要巩固专业基础知识的学习，加强英语口语的应用能力，通过大学英语六级考试，取得计算机三级证书。

（2）积极参加社会活动和集体活动，在活动中培养和锻炼自己的组织能力、团队协作精神、人际交往能力等。

（3）从现在开始培养自己的职业素养，并从大三开始寻找实习的机会。通过实习，深入了解相关职业的工作方式、工作流程，以及企业的运转模式和管理理念，明确个人在岗位上的职责要求及规范，在工作实践中锻炼自己各方面的能力并积累工作经验，为正式走上工作岗位奠定良好的基础。

（4）通过初级国际商业美术设计师（ICAD）职业资格认证，以优异成绩完成学业。

（5）不断强化求职技巧，进行模拟应聘训练，学会在求职应聘过程中扬长避短。参加招聘活动前，应积极利用学校提供的就业信息，了解用人公司相关情况。

（6）找到一份艺术设计方向的工作，脚踏实地，努力工作，积累工作经验，提高从业能力，早日成为具备独立设计能力的设计师。

实战演练

一、我的大学生涯“必修课”

职业生涯规划要求每个大学生站在更高的视角，多维度审视自身特点和职业世界，从而科学地规划自己的职业生涯发展道路，并为自己的生涯轨迹负责。

青春洋溢、潜力无限的大学生应该合理规划时间，修习大学生涯阶段的“必修课”（如专业课、体育课、思想道德与法治课等必修课程，以及职业生涯规划、就业指导、心理健康等方面的选修课程等），以便拓宽自己的职业生涯发展道路，为未来精彩无限的职业生涯打好基础。

请你画一幅属于自己的大学生涯“必修课”思维导图。

二、兴趣岛测试

大量研究表明，兴趣与工作满意度、职业稳定性和职业成就感之间存在明显的关联。如果个体从事的职业符合自己的兴趣，其内心就会拥有源源不断的动力，促使个体全身心地投入，并不断提高自己应对挫折及解决问题的能力。因此，大学生确定职业方向时，应首先了解自己的兴趣所在。

材料

你获得了一次免费度假旅游的机会，可以免费去下面 6 个岛屿中的一个。其要求是你必须在这个岛屿上待满 3 个月。

岛屿 A：美丽浪漫的岛屿。岛上到处都是美术馆、音乐厅、街头雕塑和街边艺人，弥漫着浓厚的艺术气息。当地的居民有很强的觉察能力和创新能力，他们喜欢舞蹈、音乐和绘画，许多文艺界的朋友都喜欢来这里寻找灵感。

岛屿 C：井然有序的岛屿。岛上建筑具有现代化气息。岛上的居民沉稳、保守，善于组织策划，做事有条不紊，以户政管理、地政管理、金融管理见长。

岛屿 R：自然原始的岛屿。岛上有原始森林，生态环境保护得很好，有各种各样的野生动物。岛上居民的生活方式还比较原始，居民以手工制作见长。他们自己种植瓜果蔬菜，修缮房屋，打造器物，制作工具，还喜欢户外活动。

岛屿 S：友善亲切的岛屿。岛上居民个性温和，待人友善，乐于助人，许多社区共同组建了互动密切的服务网络，居民重视互助合作和教育，岛上处处充满人文气息。

岛屿 I：深思冥想的岛屿。岛上人口稀少，有平畴绿野，建筑物多僻处一隅，适合夜观天象；岛上有多个天文馆及科学图书馆等。岛上居民喜欢观察、学习、探究、分析，崇尚真知，还喜欢和来自各地的哲学家、科学家和心理学家交换心得。

岛屿 E：显赫富庶的岛屿。岛上的居民善于企业经营和贸易，能言善道，以口才见长。岛上经济发达，处处是高级饭店、俱乐部、高尔夫球场。经常来岛上游玩的人多数是企业家、经理人、政治家和律师等。这个岛屿曾数次召开财富论坛会议和各行业的巅峰盛会。

请你仔细阅读材料，不要考虑其他因素，仅凭你的兴趣回答下面的问题，并将感触最深的部分记录下来。

（1）你最想前往哪个岛屿度假？

（2）如果这座岛屿人满为患，那么你接下来想去哪个岛屿？如果第 2 个岛屿人也满了，那么你接下来想去哪个岛屿？哪些岛屿是你完全不想去的？

（3）假如你需要在岛上待半年的时间，你的选择会发生变化吗？如果待 10 年呢？

（4）请根据你感兴趣的岛屿类型，想一想有哪些过往经历与你的兴趣类型相符，对你的职业选择有哪些启示。

三、霍兰德职业兴趣测试

请你根据表 1-3 中霍兰德职业兴趣类型的相关知识，分析自己的人格类型，探索适合自己的职业。

（1）请你用笔画出与自身特点相符合的词语或语句。

（2）请你从表 1-3 中找出最符合自身特点的 3 句话，并结合自己的人生经历，分享 3 个故事。

（3）请你在表 1-3 的“典型职业”一栏中标出自己感兴趣的职业。

（4）每 3 人为一组，围绕所选职业开展头脑风暴，说出与所选职业相关的人格特质，并说说与这些人格特质相匹配的其他职业。例如，工程师具有动手能力强、规则意识强、善于解决实际工作中的具体问题等特质；与此类人格特质相匹配的其他职业有设备维护工程师、监理工程师等。

四、我的职业生涯规划书

请你结合自身情况，按照职业生涯规划书的基本要求撰写一份职业生涯规划书，为将来踏入社会做准备，然后根据自己的职业生涯规划书回答下面的问题。

（1）在撰写职业生涯规划书时，你觉得最难写的是哪一部分？这一部分内容对你将来的职业发展有哪些帮助？

（2）假如你遇到关于职业生涯规划方面的问题，你准备如何解决？

项目二

经世致用，探索求精——职业世界探索

学习目标

知识目标

- 熟悉影响职业生涯发展的各种环境因素。
- 熟悉探索目标职业世界的具体内容。

能力目标

- 掌握环境分析和职业探索的方法。
- 能运用所学知识积极探索自己的目标职业领域。

素质目标

- 积极参加社会实践，提高综合素质。
- 树立职业理想，努力将个人理想融入国家发展的宏伟目标之中。

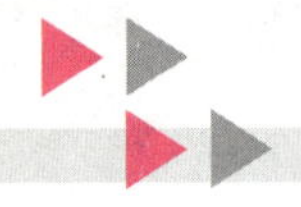

引导案例——在探索中确定方向

小莹是一所理工类院校的大三学生，读的是环境监测与治理技术专业。她虽然成绩不错，兴趣广泛，综合能力也比较强，但她对自己将来的职业发展却很迷茫：她不清楚自己所学的专业适合什么职业，也不知道自己应该通过哪些途径了解职业的相关信息。为了解开心中的疑团，小莹决定进行职业探索活动。她认为，自己通过在网上查询相关资料可以了解很多职业信息，还能通过实习进一步了解找到的工作适不适合自己。于是，小莹通过查找相关资料的方式，找到了一份实习的工作。实习两周后，小莹发现自己根本不喜欢这份工作，将来也不想从事这个职业。她觉得自己探索职业世界的方法可能存在问题，于是找到学校的职业生涯规划导师，希望得到导师的帮助。

“外面的世界很精彩，外面的世界很无奈。”外面的世界究竟如何，需要大学生自己去探索。很多大学生像小莹一样，在探索职业世界时充满困惑，不知道什么职业真正适合自己。大学生只有掌握一定的探索策略与方法，才能更客观、更全面地认识职业，更合理、更有效地进行职业发展规划。

探索一　分析职业环境

进行职业环境分析，主要是为了了解各种环境因素对个体职业生涯发展的影响。环境因素是客观的，是不以人的意志为转移的，但是环境因素却是可以选择和利用的。通过职业环境分析弄清环境对职业发展的要求、影响及作用，对各种影响因素加以衡量、评估，能帮助大学生在复杂的环境中趋利避害，使自己的职业生涯规划更有意义。

职业环境分析——小张的疑问

职业环境分析主要包括社会环境分析、区域环境分析、学校及家庭环境分析。

一、社会环境分析

所谓社会环境分析，就是对社会的政治环境、经济环境、文化环境、行业环境等宏观环境的分析。人是社会的产物，人的生存和发展离不开社会，社会环境对个体的职业生涯具有重大影响。大学生在规划自己的职业生涯之前应当全面分析当前的社会环境，利用有

利因素，避开不利因素，以便寻找更好的职业发展机会。

课堂互动

你在选择职业时会考虑哪些方面的因素？

（一）政治环境

社会政治环境对企业的影响是巨大的，而企业的发展变化又对个体的职业生涯发展有着重要影响。因此，在探索职业世界时，大学生首先应了解国际和国内的政治环境、国家对各行各业的导向性政策等信息。

（二）经济环境

国家经济增长方式的转变、经济结构的调整和经济发展战略的实施，都会对大学生就业产生重大影响。同时，社会经济的繁荣发展会促使新兴行业不断涌现，而新兴行业又会不断增加对各方面人才的需求，从而帮助大学生获得更多的就业机会。例如，IT 行业的迅速发展使得社会对 IT 从业人员的需求大幅增长，从而为立志进入 IT 行业的大学生提供就业机会。

当前，我国经济增长的内在动力较强，经济保持中高速增长，在世界主要国家中名列前茅。另外，国家大力实施创新驱动发展战略，创新型国家建设成果丰硕，“天宫”“蛟龙”“天眼”“悟空”“墨子”“大飞机”等重大科技成果相继问世，开放型经济新体制逐步健全，对外贸易、对外投资、外汇储备也稳居世界前列。这些都为大学生提供了良好的就业和发展条件，大学生应多了解国际国内经济形势和政策，并结合自身实际做好职业生涯规划，抓住机遇，不惧挑战，为自己将来的职业发展创造良好的条件。

拓展阅读

构建“双循环”新发展格局，推动中国经济高质量发展

党的二十大报告明确提出，我国要加快构建以国内大循环为主体、国内国际双循环相互促进的新发展格局。加快构建“双循环”新发展格局，是着眼于中国长远发展和长治久安作出的重大战略部署，对于中国实现更高质量、更有效率、更加公平、更可持续、更为安全的发展，对于促进世界经济繁荣，都会产生重要而深远的影响。

从国际环境上看，21 世纪以来，新一轮科技革命和产业变革加速发展，世界贸易和产业分工格局发生重大调整，国际力量对比呈现趋势性变迁。2008 年国际金融危机

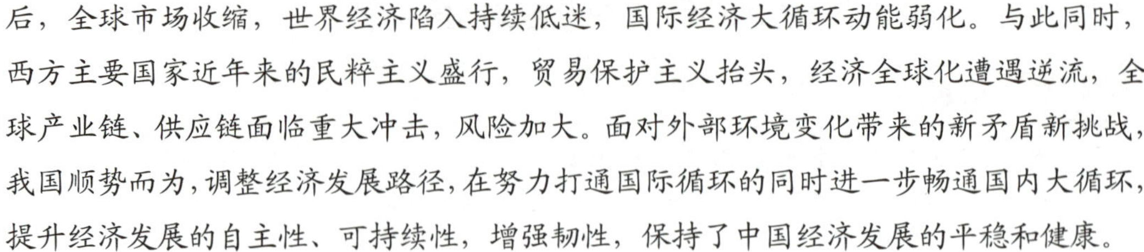

后，全球市场收缩，世界经济陷入持续低迷，国际经济大循环动能弱化。与此同时，西方主要国家近年来的民粹主义盛行，贸易保护主义抬头，经济全球化遭遇逆流，全球产业链、供应链面临重大冲击，风险加大。面对外部环境变化带来的新矛盾新挑战，我国顺势而为，调整经济发展路径，在努力打通国际循环的同时进一步畅通国内大循环，提升经济发展的自主性、可持续性，增强韧性，保持了中国经济发展的平稳和健康。

从自身优势上看，中国拥有全球最完整、规模最大的工业体系和完善的配套能力，拥有 1.6 亿户市场主体和 1.7 亿多受过高等教育或拥有各种专业技能的人才，研发能力不断提升。因此，中国完全具备实现内部大循环、促进内外双循环的诸多有利条件。

当然，“以国内大循环为主体”并不是中要在对外开放上大幅收缩，关上国门搞自给自足的经济，而是构建开放的国内国际双循环。在当今世界，经济全球化潮流不可逆转，任何国家都无法关起门来搞建设，中国也早已同世界经济和国际体系深度融合，同全球很多国家的产业高度关联。内需市场和外需市场之间是相互依存、相互促进的关系。因此，开放合作仍是历史潮流，互利共赢依然是人心所向。构建“双循环”新发展格局并不排斥扩大开放，而是要在坚定实施扩大内需战略的基础上，加快建设更高水平开放型经济新体制，促进国内国际循环顺畅联通。这本身也是推动中国经济高质量发展的题中之义。

根据党的二十大报告内容，我国未来 5 年加快构建“双循环”新发展格局，主要有以下几个方面的着力点。

第一，推动科技创新在畅通循环中发挥关键作用。创新是第一动力，加快科技自立自强是畅通国内大循环、塑造中国在国际大循环中主动地位的关键，要优先实施科教兴国战略。第二，推动供给创造和引领需求，实现供需良性互动。畅通国民经济循环要着力优化供给结构，改善供给质量，坚定不移加快建设制造强国、质量强国、航天强国、交通强国、网络强国、数字中国。第三，加快培育完整内需体系，完善扩大内需的政策支撑体系。增强消费对经济发展的基础性作用，发挥投资对优化供给结构的关键作用。第四，推动金融更好地服务实体经济，构建全国统一大市场，深化要素市场化改革，建设高标准市场体系。推动新型城镇化和城乡区域协调发展，深化区域合作，更好地促进发达地区和欠发达地区、东中西部和东北地区共同发展，不断挖掘内需潜力。第五，推进高水平对外开放，依托中国超大规模市场化优势，以国内大循环吸引全球资源要素，增强国内国际两个市场、两种资源的联动效应，提升贸易投资合作质量和水平。要用顺畅联通的国内国际循环，推动建设开放型世界经济，推动构建人类命运共同体，形成更加紧密稳定的全球经济循环体系。

概而言之，构建新发展格局是事关中国发展全局的系统性、深层次变革，事关中国经济能否实现质的有效提升和量的合理增长。这需要我国按照党的二十大报告的战略部署，着力增强国内大循环内生动力和可靠性，提升国际循环质量和水平，加快建设现代化经济体系，推动中国经济高质量发展。

（资料来源：中国网，中央党校经济学部研究员周跃辉，有改动）

（三）文化环境

文化是人们在社会中长期生活和生产中逐渐形成的。个体的就业观念和择业行为都会受到文化环境的影响。在良好的文化环境中，个体能受到良好的教育与熏陶，从而为职业发展打下良好的基础。在就业过程中，大学生只有顺应当前的就业形势，综合考虑社会需求和个人发展，树立正确的就业观，才能在竞争激烈的就业市场中找到适合自身情况并能发挥自身才能的职业和岗位。

砥节砺行

党的二十大报告指出，要"推进文化自信自强，铸就社会主义文化新辉煌"，要求当代青年"发展社会主义先进文化、弘扬革命文化，传承中华优秀传统文化""讲好中国故事、传播好中国声音，展现可信、可爱、可敬的中国形象"。当代大学生应深刻认识到将来的社会责任和使命，树立正确的就业观念和创业理念，顺应当前的就业形势和就业政策，将个人职业发展放在社会文化背景下，将个人实际、社会需求和长远发展相结合，在努力学习专业知识和职业规划知识的同时，积极拓展自己的民族文化底蕴，增强文化自觉和文化自信，做好新时代文化传承的接班人。

（四）行业环境

社会是不断发展和变化的，行业变迁是社会发展变化的必然结果，社会在不同时期对不同行业的人才有不同的需求。因此，大学生在进行职业生涯规划时应注意分析相关行业的发展动向，了解相关行业的历史发展过程、发展现状、所处阶段，国家政策对相关行业的影响，国际国内重大事件对相关行业的影响，特定行业的优势与不足、发展前景等。

近年来，随着供给侧结构性改革深入推进，我国经济结构不断优化，数字经济等新兴产业蓬勃发展，高铁、公路、桥梁、港口、机场等基础设施建设快速推进，农业现代化稳步发展。各行各业的发展为大学生提供了大量的就业机会。当前，我国发展前景较好的行业有网络信息服务业、汽车制造业、老年医疗保险业、建筑与装潢业、旅游休闲及相关产

业、物流与电信业、餐饮娱乐与服务业等。这些行业的发展状况都与大学生就业择业情况紧密相关。

砥节砺行

党的二十大报告指出，建设现代化产业体系要坚持把发展经济的着力点放在实体经济上，推进新型工业化，加快建设制造强国、质量强国、航天强国、交通强国、网络强国、数字中国。实体经济是现代化产业体系的建设重点。报告提出把发展经济的着力点放在实体经济上，意味着我国发展经济、实现产业升级主要发力的抓手，要落在实体经济上。

大力发展实体经济首先要建立强大的工业体系与制造业竞争优势，推进新型工业化，构建强大的制造业竞争力。党的二十大报告提出的加快建设制造强国、质量强国的目标，给了企业推动制造业高端化、智能化发展的信心。此外，中国银行、中国工商银行、中国建设银行、中国农业银行、中国交通银行，以及中国人寿在2022年10月齐发公告，表示将加大资源配置和信贷投放力度，高效、精准地服务实体经济，助力稳住经济大盘。这也意味着国家将引导各地方、各部门把工作重心放在实体经济上，实体经济将会得到更多的政策惠顾。

二、区域环境分析

个人职业生涯的发展离不开国家经济发展的大背景，也离不开个人所在地区经济发展的小背景。我国幅员辽阔，不同区域的经济发展情况有所不同。国家正大力实施区域协调发展战略，如加大力度支持革命老区、民族地区、边疆地区快速发展，强化举措推进西部大开发形成新格局，加快实现东北地区等老工业基地全面振兴，推动中部地区高质量发展，建立更加有效的区域协调发展新机制，等等。

不同区域有不同的资源，也有不同的发展机会。按照以往的经济发展情况，我国的经济发达地区，特别是东南沿海地区人才需求旺盛，就业机会多，发展空间大；而经济相对落后地区和农村地区就业机会相对较少，发展空间也相对较小。但是，随着国家大力发展区域经济，传统的人才需求状况正在悄悄发生改变。近年来，我国中西部地区经济增长速度加快，对人才的需求也愈加迫切，在人才引进方面制定了很多的优惠政策。大学生在规划自己的职业生涯时应当充分利用区域的资源和机会来发展自己的职业，这样往往能取得事半功倍的效果。因此，大学生在进行职业生涯规划时可以多关注中西部地区。

通过关注区域经济的发展，大学生可以捕捉到有利于自己职业生涯发展的机会，也可以验证自己的职业发展目标是否符合经济社会发展的需要。如果大学生能深入了解所在区域的经济特色并加以利用，就能帮助自己制订更合适的职业发展方向和职业发展策略，从而更容易找到合适的就业机会和发展机会。

案例精选

立足家乡搞创业

在浙江省丽水市莲都区峰源乡库坑村，李姚这位“95后”姑娘格外显眼。不仅因为她年轻，还因为她是个小有名气的创业者。

李姚有一个2 000多人的朋友圈，她每天都会在朋友圈里叫卖家乡的土特产：“鸭蛋明天就去捡啦，还要的亲现在快下订单哦，数量有限！”通过朋友圈的宣传，李姚平均每天都有五六百元的营业额。

2014年，库坑村的旅游产业迎来了春天。村里创建3A级景区化示范村，民宿、泳池、接待中心等配套设施也纷纷破土而出。李姚看到了家乡的良好发展前景，便辞去了杭州的工作，回家乡创业。李姚通过调查，认为家乡的土猪、鸡鸭、香菇等土特产具有良好的品质，可以将它们包装成旅游产品。于是，李姚向游客推销起了村里放养的鸡鸭、散养的土猪、新鲜的蔬菜、可口的香菇及各式各样的干货。游客们对这个能说会道的“95后”姑娘很感兴趣，有的加她为微信好友，有的帮她一起宣传。渐渐地，李姚的微信好友越来越多，形成了一个顾客小圈子。

为了更好地为顾客服务，李姚创办了“瑶瑶高山农产品”，做起了“微商”。她将村民家里各式各样的土货加以“包装”，然后再拍照、配字，统一推送。村民有需要销售的农产品，都会跑去找李姚。多到几百斤的香菇，少到几个鸡蛋，她都能找到买家。库坑村距市区有60多公里，李姚每周三次开车到市区送货发快递，并随时记录客户的反馈情况，不断改进自己的各项服务。如今，李姚卖的东西越来越多，茭白干、鲜香菇、笋干、千层糕及原生态家禽都成为了她朋友圈里的招牌商品。

如今，李姚已经熟悉各种蛋糕、布丁、西米露、糯米糍、蛋包饭的做法，准备开一家集乡村土货和各式点心为一体的综合小店，打算在甜品行业中干一番事业。

（资料来源：人民网，有改动）

三、学校及家庭环境分析

（一）学校环境

学校环境对大学生职业生涯规划有着重要影响。大学生在分析学校环境时可以从以下几个方面进行。

1．办学层次与办学理念

办学层次就是学校对“培养什么层次的学生”这一问题的解答。根据办学层次的不同，我国的大学可以分为本科院校和高职（专科）院校等。根据不同的市场定位，不同的学校侧重于不同专业类别，如“金融类”“旅游类”“纺织类”“交通类”“农贸类”“工业类”“医疗卫生类”等。不同类别的专业将大致决定毕业生职业发展的方向。

办学理念是教育理念的下位概念，是学校对“办什么样的学校”和“怎样办好学校”进行深入思考后做出的答复。从内容上来说，办学理念包括治校理念、教学理念等；从结构上来说，它包括办学目标、工作思路、办学特色等要素。办学理念对大学生职业素养的培养有着重要影响。

2．师资力量与教学资源

师资力量在大学生职业能力培养的过程中起关键作用。教师是教学过程的组织者、引导者、协调者和评估者，在知识的启发与传授过程中占据了重要地位。教师自身的思想状态、心理倾向、人格魅力等会潜移默化地影响学生世界观、人生观、价值观的形成与完善。教师的教学水平和专业能力对大学生职业能力的培养起着重要作用。

教学资源包含硬件设备与软件设备。硬件设备主要包括教室场地、教学设备、活动中心、图书馆、医疗设备、体育设备等，软件设备主要包括教学氛围、教学管理、学生服务、学校声望、社会资源等。大学生职业素养的塑造在很大程度上受教学资源的影响。

3．校园文化与校友文化

校园文化是以学生为主体，以校园为主要空间，以育人为主要导向，以精神文化、环境文化、行为文化和制度文化建设等为主要内容，以校园精神文明为主要特征的一种群体文化。校园文化无处不在，它蕴含于校园建筑、校园广播、学校校报、宣传橱窗、班级学风、第二课堂等各个方面。不同的学校有着不同的校园文化，所培养的学生也有着不同的特点。一所学校的校园文化会对本校学生的价值理念、综合素养、生活作风等各个方面产生深刻影响，进而间接影响学生的职业发展。

校友文化是校园文化的延伸。校友的先进事迹能够激励在校学生奋发图强，遍布各地、各行业的校友也能够为在校学生提供就业信息。从社会效应上来说，校友的就业方向、就

业环境、就业理念都会对毕业生的就业选择产生较大的影响。

大学生在分析学校环境时应注意分析校园文化和校友文化对自身职业发展的影响，并充分利用其中的有利因素。

（二）家庭环境

家庭是人们生活的重要场所，个体的社会化首先从家庭开始，个体的性格、价值观、行为模式等均带有家庭的烙印。家庭是个体成长的第一个环境，父母是孩子的第一任老师，父母的经济状况、受教育程度、职业背景、婚姻质量、个性特征等都会对孩子产生重大影响。某著名教育家曾说，家庭教育决定了孩子一生的命运。因此，大学生在进行职业生涯规划时，通常需要考虑家庭的经济状况、家人期望、家族文化等多方面的因素。

探索二　探索目标职业领域

大学生在进行职业生涯规划时应当对相关职业领域进行探索。职业领域探索的内容主要包括职业探索、专业探索、行业探索、企业探索和岗位探索 5 个方面。

一、职业探索

（一）职业探索的概念

职业探索是指个体对自己喜欢的职业或可能从事的职业进行理论分析和实际调研的过程。其目的是帮助大学生充分了解目标职业，以便合理地规划职业生涯。

课堂互动

手机已成为人们生活中必不可少的工具之一，请你尽可能多地列举出与手机相关的职业，并将所有联想到的职业都记录下来。然后说一说在列出的职业中，有哪些职业与你所学专业有关？你从这个活动中得到了哪些启发？

（二）职业探索的主要内容

1．职业描述

职业描述即某个职业的内涵及定义，其内容主要包括职业名称、社会各界对此职业的定义等。它是人们对职业最精练的概括和总结，是理解职业和探索职业的基础。

大学生在了解某个职业时可以参照联合国国际劳工组织发布的《职业展望手册》、我国人力资源和社会保障部颁布的《中华人民共和国职业分类大典》等。

2. 职业的核心工作内容

了解某个职业的核心工作内容可以帮助大学生确定从事该职业所需具备的工作能力，有利于大学生有针对性地进行提升。大学生可以通过搜集知名企业的招聘信息、咨询相关职业领域的资深人士等途径了解相关职业的核心工作内容。

3. 职业发展前景及其对社会的影响

职业发展前景可以有效反映社会对某类职业人才的需求情况。职业对社会的影响具体包括某个职业在社会发展中的作用、对民众生活的影响、对从业人员的影响等。大学生在进行职业生涯规划时了解相关职业的发展前景及社会影响，有利于准确把握相关职业在未来的发展趋势，进而结合自身情况规划职业生涯。

4. 薪资待遇及潜在收入空间

职业是社会分工的产物。职业在社会上的分工情况不同，其从业者的薪资待遇也不同。同时，不同的职业还有着不同的潜在收入空间。因此，大学生在探索某个职业时，需要重点调研该职业的薪资水平和潜在收入空间。

5. 入门岗位及其职业发展路径

入门职位是指适合应届毕业生的一些基层职位。职业发展路径主要是个体在职业发展上的选择，如个体将来是向上发展（通过努力得到职位上的晋升，走管理路线）还是向内发展（即成为业内专家，走技术路线）等。

一般来说，个体无论从事什么职业，都需要从基层职位做起，并通过努力获得提升。大学生在探索职业时了解相关职业的入门职位及其职业发展路径，提前规划职业发展方向，可以让自己的职业道路走得更加顺畅。

6. 职业精英

职业精英即职业标杆人物。他们所具备的优秀的职业素养，可以作为大学生初入某职业领域时的学习典范。大学生可以通过网络、书籍、人物访谈等途径了解职业精英的奋斗历程、所具备的素养等，进而加深对相关职业的了解，找到自己努力的方向。

7. 日常活动安排

日常活动安排能反映某职业的从业人员在一天之中通常要完成哪些工作、接触哪些人员，以及各项工作的时间安排等情况。了解这些内容，有利于大学生深入了解自己感兴趣的职业，进而准确判断该职业是否适合自己，或者有针对性地提升自己的某些技能。

二、专业探索

（一）专业探索的概念

专业是指高校根据社会专业分工的需要而设立的学科类别。专业探索是指大学生通过专业调研了解本专业毕业生所能从事的职业，以及如何有效利用在校时间提升专业能力的过程。

（二）专业探索的主要内容

1．专业调研

专业是职业发展的基础。大学生有必要通过调研了解自己所学专业对应的职业和职业群有哪些、同专业毕业生的就业状况如何、怎样才能学好本专业等情况。

2．专业学习

大学生在进行职业生涯规划时有必要弄清楚如何利用在校时间学好专业知识并掌握相关的职业技能，进而通过参加实训、实习、社会实践等方式锻炼自己，提升自己的就业竞争力。

三、行业探索

（一）行业探索的概念

行业探索就是个体通过分析和调研，对自己想要进入的行业进行全方位解读的过程。不同行业对所需人才有不同的要求。每一个即将进入职场的大学生都应该对想要进入的行业有全面而系统的认识。

行业探索
——小梅的沮丧

（二）行业探索的主要内容

1．了解这个行业是什么

不同的行业有不同的定义，不同的人对同一行业的理解不尽相同。大学生在了解某一行业时需要通过广泛搜集行业信息，加深自己对某个行业的认识。

2．行业的发展趋势

随着科学技术的飞速发展，某些行业会逐渐萎缩直至消亡，而一些新兴行业则会不断涌现并快速发展。因此，大学生在进入某个行业之前，应明确该行业的发展趋势、了解该行业的发展前景，从而做出有利于自身职业发展的选择。

3．行业的细分领域

各行业通常有按一定标准划分的细分领域，如金融业包括银行业、保险业、信托业、证券业、租赁业等多个细分领域。大学生了解行业的细分领域，有利于自己在规划职业生涯时更好地确定职业定位。

在我国，相关部门对行业进行了划分。2017 年 6 月 30 日，国家质量监督检验检疫总局（现为国家市场监督管理总局）和国家标准化管理委员会联合发布了《国民经济行业分类》（GB/T 4754—2017）。为确保标准的时效性，国家标准化管理委员会于 2019 年 3 月发布了《〈国民经济行业分类〉国家标准第 1 号修改单》（以下简称“第 1 号修改单”）。该文件按照经济活动的同质性原则对行业进行了划分，将行业分为门类、大类、中类和小类 4 个层次。根据第 1 号修改单调整后的国民经济行业共包含 20 个门类、97 个大类、473 个中类和 1 382 个小类。每个类别都按层次编制了代码。门类用一个英文大写字母表示，如 A、B、C 等；大类用 2 位阿拉伯数字表示；中类用 3 位阿拉伯数字表示，其中，前两位为大类代码，第 3 位为中类的本体码；小类用 4 位阿拉伯数字表示，其中，前 3 位为中类代码，第 4 位为小类的本体码。国民经济行业分类代码与类别名称如表 2-1 所示。

表 2-1　国民经济行业分类代码与类别名称

代码				类别名称
门类	大类	中类	小类	
A				农、林、牧、渔业
	01			农业
		001		谷物种植
			0001	稻谷种植
			0002	小麦种植
			0003	玉米种植
……				……
B				采矿业
C				制造业
D				电力、热力、燃气及水生产和供应业
E				建筑业
F				批发和零售业
G				交通运输、仓储和邮政业
H				住宿和餐饮业
I				信息传输、软件和信息技术服务业
J				金融业

（续表）

代码				类别名称
门类	大类	中类	小类	
K				房地产业
L				租赁和商务服务业
M				科学研究和技术服务业
N				水利、环境和公共设施管理业
O				居民服务、修理和其他服务业
P				教育
Q				卫生和社会工作
R				文化、体育和娱乐业
S				公共管理、社会保障和社会组织
T				国际组织

4. 行业的人才需求

了解行业的人才需求有利于大学生判断某个行业的人才缺口状况，进而在规划职业生涯时合理地规划职业方向，避免盲目跟风。

5. 行业的知名企业和代表人物

了解行业内的知名企业和代表人物是进一步了解行业的有效手段。每个行业都有知名企业和代表人物。大学生可以通过名人传记或行业调研加深对相关行业的了解，为自己进入相关行业做好充分的准备。

四、企业探索

（一）企业探索的概念

企业探索是指通过理论分析和实际调研，对目标企业进行全方位解读的过程。企业是职业人赖以生存和发展的平台。一方面，每个企业都有自己的发展目标和运作模式，了解企业的基本情况有利于大学生进入职场后迅速适应企业环境；另一方面，为了生存和发展，企业本身需要适应社会环境的变化，企业内部的变革与外部环境的变化，可能会影响职员的职业发展。因此，大学生需要对相关企业的基本情况进行探索，以便更好地规划自己的职业生涯。

（二）企业探索的主要内容

1. 企业基本信息

企业的基本信息包括企业的发展历程，企业的社会声望，企业的产品和服务，企业的发展现状、发展前景、战略目标，企业的技术力量和设施，企业在本行业中的竞争力等内容。

2. 企业的发展阶段

企业在生命周期的不同阶段具有不同的发展状况，如表 2-2 所示。这些状况会对进入企业工作的大学生的职业发展产生较大影响。

表 2-2　企业的发展阶段

发展阶段	特征
开发期	企业由于基础尚不稳固，可能有着较大的经营风险，但职员的晋升机会较多，且在短时间内可升到较高职位
成长期	企业的业务模式、盈利模式、财务管理模式等已经基本固定。在这个阶段，企业人员数量增长得很快，职员的晋升机会也较多
成熟期	企业发展稳定，职员晋升的机会较少，且工作内容相对固定
衰退期	企业往往有较大的经营风险，职员的职业发展会受到较大影响

3. 企业领导人

企业的领导者作为企业的掌舵人，其管理能力及管理风格是影响企业发展的重要因素。因此，大学生在探索企业基本情况的过程中，应了解企业主要领导者的管理能力和管理风格，如领导者是否有足够的能力带领员工开创新天地、是否有战略眼光、是否尊重员工等。

4. 企业文化和制度

企业文化是指全体员工在长期的生产活动中形成并共同遵循的价值标准、基本信念和行为规范。如果个体的价值观与企业文化有冲突，那么个体就很难在企业中有所发展。因此，大学生在探索目标职业领域的某个企业时，应仔细分析自己是否认同该企业的企业文化，企业管理理念是否与自己的价值观相符，以便更好地规划自己的职业发展道路。

5. 企业制度

企业制度主要包括管理制度、用人制度和培训制度等。大学生在探索目标职业领域的某个企业时，应尽可能多地了解企业制度，并分析这些制度可能给自己的职业发展带来的影响，如“企业的用人制度如何？”“企业能否为员工提供职业培训的机会？提供这些机会的条件是什么？”“企业能否为普通员工提供良好的福利待遇？”“所应聘职位的晋升空间有多大？”等。

拓展阅读

盖洛普 Q12 测评法

美国人盖洛普通过对 12 个不同行业进行调查和分析，发现有 12 个关键性的问题能够反映员工敬业度和工作环境，便发明了 Q12 测评法。Q12 测评法是一种简单、精确的测评方法。通过测评，大学生可以了解自己对企业工作环境的满意度，企业也可以通过测评了解员工的敬业度。

该测评主要包括以下 12 个问题。

（1）我知道公司对我的工作要求吗？

（2）我能准备好工作所需要的材料和设备吗？

（3）在工作中，我每天都有机会做我最擅长做的事吗？

（4）我会因工作出色而受到表扬吗？

（5）主管或同事关心我的个人情况吗？

（6）公司里会有同事鼓励我吗？

（7）我的意见在公司中能够得到重视吗？

（8）我的工作在公司里会受到重视吗？

（9）我的同事们都能进行高质量的工作吗？

（10）我在公司中有要好的朋友吗？

（11）在过去的几个月内，有人和我谈及我在工作上的进步吗？

（12）我在工作中有机会学习和成长吗？

五、岗位探索

（一）岗位探索的概念

岗位探索就是对岗位本身和影响岗位发展的因素进行调研的过程。岗位与个体的职业发展有着密切的关系，大学生的就业最后都要落实到某个用人单位的具体岗位上。因此，大学生了解岗位、探索岗位，对自己的职业发展非常重要。

（二）岗位探索的主要内容

1．岗位描述

用人单位在招聘时会对每个岗位的职责、工作内容及任职要求进行描述，大学生应该充分了解目标岗位的相应描述和任职要求，并对比自身素质与任职者素质之间的差距，进

而有针对性地规划职业发展和提升自身素养。

2．岗位晋升路径

了解岗位的晋升路径需要从两个基本方面着手：一是了解与目标岗位相关的管理岗位和技术岗位；二是了解目标岗位的职业发展路径。图 2-1 为某公司的岗位发展路径。

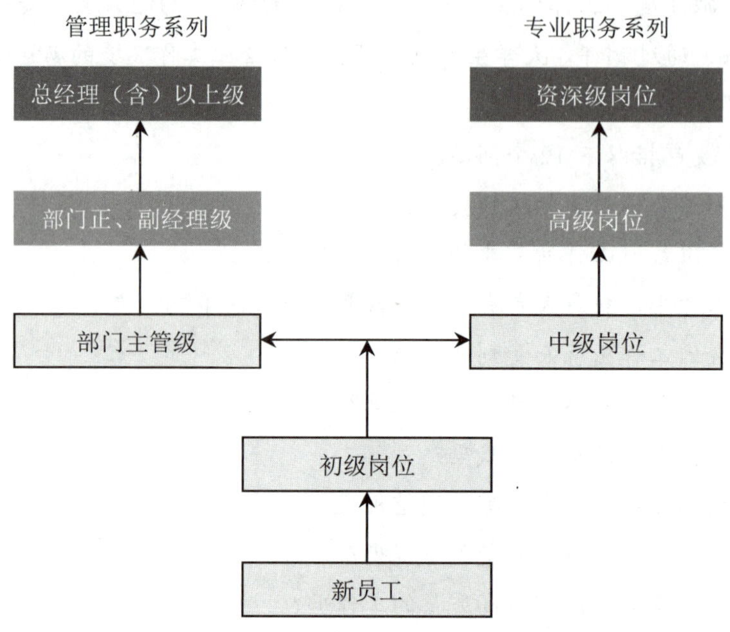

图 2-1　某公司的岗位发展路径

3．岗位基本要求

大学生需要了解目标岗位对任职者在技能、学历、资历、经验、品质、个性等方面的基本要求，并找到自身存在的差距，以便有针对性地进行提升。

探索三　掌握职业探索方法

一、查阅相关资料

查阅相关资料是探索职业世界的常用方法之一。它包括对静态资料（如行业协会报告、社会调查报告、论文等）的查阅和动态资料（如企业宣传视频、专题电视节目、经验分享视频等）的查阅。这种方法操作简便，成本低，所获信息量大。

通过查询相关资料，大学生可以了解目标职业的基本信息，以及该职业对任职者的职

业资格要求、学历要求和身体素质要求等，还可以根据相关资料对职业环境和职业发展前景进行评估，从而形成对职业的初步印象。例如，通过行业协会报告，大学生可以了解相关行业的发展前景；通过招聘网站查询就业信息，大学生可以了解企业的岗位需求、录用要求和基本待遇；通过某企业的宣传视频，大学生可以了解该企业的文化、发展方向、对人才的素质要求等内容。

大学生应多浏览各种与就业相关的网站，如教育部大学生就业网、各省市毕业生就业信息网、人才市场信息网，相关行业的网站或论坛、某些门户网站的就业交流板块和论坛等。这些网站会发布职业环境分析、人才市场供求情况、不同职业的人才需求等方面的信息，这些信息有利于大学生及时获取就业信息，探索职业世界。需要注意的是，大学生在查阅这些网站上的信息时，应注意分辨并核实相关信息，以免被虚假招聘信息所欺骗。

二、参加社会实践

大学生可以利用节假日到目标企业开展社会实践，如实地考察、顶岗实习等。通过社会实践，大学生可以在学习职业技能的同时，感受企业文化和企业经营理念，了解相关职位的工作性质、工作内容、用人要求、薪酬福利、晋升机会和发展前景等，还可以了解自己对工作环境的适应能力，探寻自身条件与工作岗位的匹配度，为做出科学的职业决策提供依据。

案例精选

小叶升职记

小叶是某财经学院涉外会计专业的毕业生。在毕业实习的过程中，他发现社会上涉外会计专业的毕业生已经供过于求，找一份专业对口的工作比较困难。于是，他经过冷静的分析思考，果断应聘到一家大型超市，做了一名仓储管理员。虽然小叶的决定让他周围的人不解，但是小叶觉得自己有能力、有学历，将来不缺晋升的机会。

事实也确实如此。小叶在仓储管理员的工作岗位上兢兢业业，很快就受到领导的关注。工作半年后，小叶因工作认真、能力出众，又是会计专业，便被领导调入超市财务部门工作。小叶在新的部门里依旧勤奋努力、踏实工作，在两年后成功成为这家超市的财务部经理。

三、访谈生涯人物

访谈生涯人物是快速了解职业的方法之一。通过访谈，大学生可以从多个角度认识职场，进而对未来的职业环境有更加感性的认识。根据访谈感悟，大学生可以制订更加科学、合理的职业规划行动方案，以便将来更好地适应职业发展。

（一）选择访谈对象

访谈对象可以是该领域的知名专家、职场精英，也可以是学校老师或校友、家庭成员，还可以是通过各种职业交流群、专业论坛等渠道找到的了解该职业相关信息的专业人士，如图 2-2 所示。访谈形式可以是面对面访谈、线上交流、电话交流、邮件交流等。

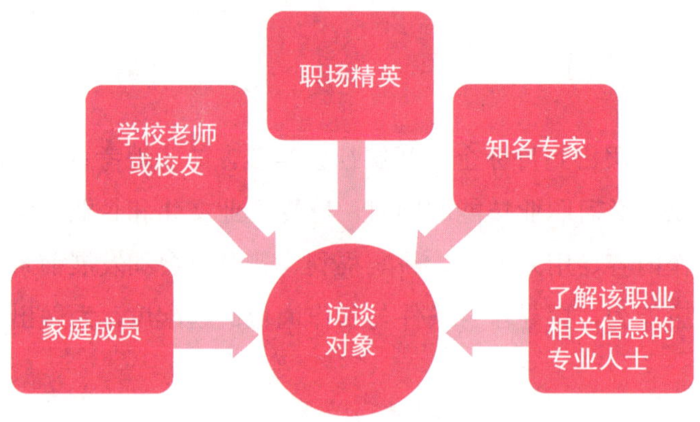

图 2-2　访谈对象来源

（二）准备访谈内容

确定访谈对象后，大学生需要认真制订访谈提纲，以确定访谈内容。访谈内容主要包括以下 4 个方面。

- **访谈对象的基本情况：**包括个人的基本信息、工作单位和所任职务等。
- **访谈对象的工作情况：**包括访谈对象从初入职场到担任当前职务的奋斗过程、每天的工作内容和职责等。
- **职位任职资格：**包括访谈对象所从事职业需要的核心知识、技能及经验，该职业需要拥有的资格证书，需要参加的培训，需要具备的素质和品质，以及大学生在进入这个工作领域前需要做的准备工作等。
- **职业发展前景：**包括访谈对象所从事职业的一般薪酬标准和潜在收入空间、该职业的晋升空间、该职业在我国乃至世界范围内的发展前景、与该职业相关或相似的职业种类等。

拓展阅读

具体访谈内容的确定

大学生在进行职业生涯人物访谈时，可以参考以下提问。

（1）您担任什么职务？

（2）您主要的工作内容是什么？

（3）您认为工作做得出色的主要衡量标准是什么？

（4）您的收入情况如何？

（5）您的工作环境怎么样？

（6）您在工作中需要经常加班吗？

（7）您当时为什么会选择从事这个职业呢？

（8）您最喜欢这个职业的哪些方面？

（9）您最不喜欢这个职业的哪些方面？

（10）您的职业对任职者的学历、工作经验、培训经历有什么样的要求？

（11）您的职业对任职者的专业知识和专业技能有哪些要求？

（12）您的职业对任职者有什么特殊要求吗？

（13）您认为什么样的人适合从事这个职业？

（14）在工作中，您遇到过哪些难以解决的问题？

（15）贵公司有哪些福利？

（16）贵公司能为刚入职的新人提供哪些培训？

（17）贵公司的企业文化是怎样的？

（18）贵公司所在行业的发展前景如何？

（19）想要从事这个职业的大学生应该做哪些准备？

（20）还有哪些信息是大学生在求职前应该了解的？想要了解这些信息，应该通过哪些渠道进行？

（三）正式访谈

正式访谈时，大学生一定要守时，做到准时到达、准时开始、准时结束。在访谈过程中，应做到言谈谦逊、举止有礼。

（四）汇报与感谢

访谈结束后，大学生应发送感谢信给访谈对象，并将访谈记录和个人心得提交给对方。

这样做一方面可表达对访谈对象的尊重，另一方面也可表示对访谈价值的肯定。

四、绘制家庭职业树

通常，大学生的职业选择乃至生涯发展都会受到家族成员的影响。大学生在探索职业世界时不妨从自己最熟悉的人开始，绘制自己的家庭职业树。通过绘制家庭职业树，大学生一方面可以了解家庭成员所从事职业的种类、内容和任职要求，另一方面也可以梳理现有的可用资源，如家人的人脉资源等，进而利用这些资源为自己的职业发展做铺垫。

实战演练

一、职业博览会

（1）全班每4～5人组成一个职业信息搜集小组，每组选出1名组长和1名记录人员。

（2）各组选择一个与所学专业紧密联系的职业，搜集该职业的相关信息并制作PPT。PPT的内容应包括职业的职责范围、任职要求、发展情况等。

（3）各组派代表在全班展示本组的职业信息PPT，展示时长为3分钟左右。

（4）所有小组展示完毕后，在全班开展自由咨询活动。每组需要派一名代表接受其他人的咨询，咨询总时长为15分钟。

（5）自由咨询活动结束后，各组成员就下列问题展开讨论：① 如何才能搜集到准确、完整的职业信息？② 在各组介绍的职业中，你对哪个职业最感兴趣？为什么？

（6）请每个学生将活动中那些令自己印象深刻的职业挑选出来，并将其相关信息（如职业名称、职责范围、任职要求、发展前景等）填入表2-3中。

表2-3　职业信息资料表

职业名称	职责范围	任职要求	发展前景	其他信息

二、生涯人物访谈

请你筛选自己有意向的职业，寻找并确定访谈对象，制订访谈提纲，并根据提纲进行生涯人物访谈。然后，根据访谈情况整理访谈内容并撰写访谈报告。最后，把访谈的相关信息写在下面的横线上。

访谈时间：____。

访谈对象：____。

访谈对象任职单位和职务：____。

访谈内容：____

____

____

____

____。

访谈体会：____

____

____

____

____。

访谈总结：____

____

____

____

____。

三、绘制家庭职业树

请你将家族中重要的亲属及他们的职业写在下面的家庭职业树（见图 2-3）上，然后回答下面的问题。

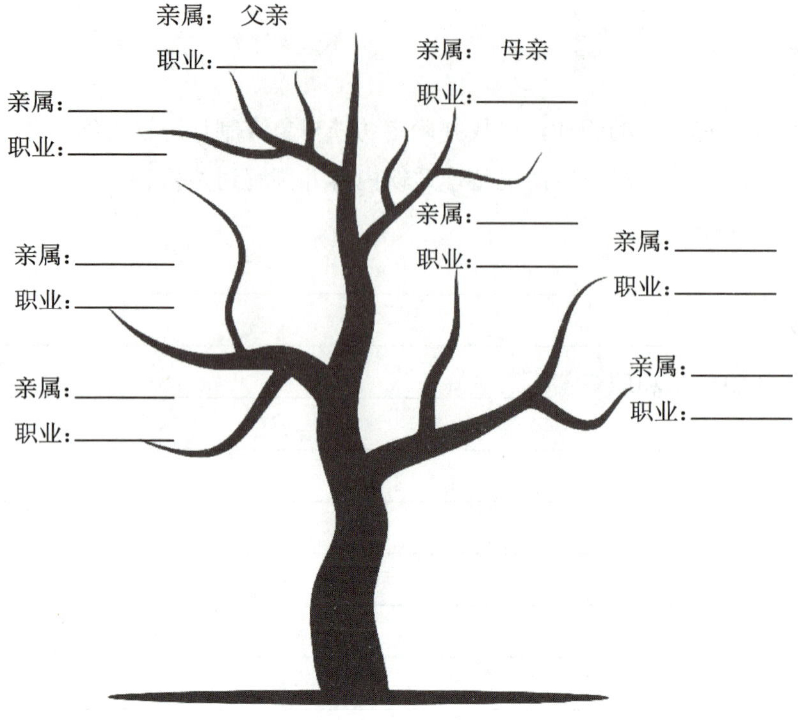

图 2-3 家庭职业树

（1）在你的家族中，出现次数最多的职业是什么？

______

（2）你想从事出现次数最多的这种职业吗？为什么？

______

______

（3）你的父亲和母亲是怎样描述他们的职业的？他们分别希望你从事哪种职业？

______

______

______

______

（4）父亲的想法对你的影响是什么？

______

______

______

______

（5）母亲的想法对你的影响是什么？

____

____

____

____

（6）在家族成员所从事的职业中，你对哪个职业最感兴趣？为什么？

____

____

____

（7）家族其他成员看好的职业是什么？

____

（8）家族其他成员对你的职业选择有哪些建议？

____

____

（9）在兴趣、能力、体能、外貌等方面，你与哪位家族成员最相似？他所从事的职业与你的职业偏好之间有哪些相似之处和不同之处？

____

____

____

（10）经过本次家庭职业调查，你今后在选择职业时，会重点考虑哪些因素的影响？

____

____

____

项目三

决策有方，行必有果
——职业生涯决策

学习目标

知识目标

- 了解职业生涯决策的概念。
- 熟悉职业生涯决策风格的类型。
- 掌握 SWOT 分析法、决策平衡单分析法和 5W 法。
- 熟悉提升职业生涯决策能力的途径。

能力目标

- 能熟练运用 SWOT 分析法、决策平衡单分析法和 5W 法进行决策。
- 能够在平时的生活中运用所学知识主动提升自己的职业生涯决策能力。

素质目标

- 增强职业生涯决策意识，并积极探索适合自己的职业生涯决策方法。
- 培养面临挑战和困难时的自信心。

引导案例——如何做出正确的决策？

小赵是某大专院校化学工艺学的学生。让她苦恼的是，她并不喜欢现在所学的专业。其实，小赵原本想读的是计算机应用技术专业，但由于高考志愿填报不慎，她最终没有被自己喜欢的专业录取。在父母的建议下，小赵选择了化学工艺学。

在大学里，小赵在学习专业基础课时遇到不少挑战。化学工艺的专业基础课程不仅需要做大量的化学实验，而且实验过程和实验结果充满了变数。小赵不喜欢做实验，每次实验，她都不能顺利完成。看到自己的成绩越来越差，小赵忧心忡忡。小赵心想："既然我不喜欢这个专业，那么我还有必要专升本，继续深造吗？如果不考专升本，那我毕业后做什么工作好呢？"

小赵去咨询辅导员，辅导员鼓励她坚持下去并参加专升本考试，以便在将来获得更多的就业机会。小赵也觉得辅导员说得很对，但她又对将来充满疑虑。她非常纠结，她希望自己能理清思路，权衡利弊，做出正确的决策。

挑战和机遇是可以相互转化的，就看大学生如何做出抉择。在面临职业困境时，大学生不应该自乱阵脚，而是应该运用科学的方法做出最佳决策。那么，为了做出正确的职业生涯决策，小赵需要了解哪些职业生涯决策的知识，采取哪些决策方法呢？

探索一　了解职业生涯决策

一、职业生涯决策的概念

职业生涯决策简称"职业决策"，是指决策者以收益最大及损失最低为标准，对职业生涯目标或职业进行理性选择的过程，是职业生涯规划的重要组成部分。对于每一个即将走向社会的大学生来说，影响其职业生涯发展的职业决策主要有以下几项。

（1）选择何种行业。

（2）选择某个行业中的哪一种职业。

（3）选用何种策略，以获得某份特定的工作。

（4）如何从多个工作机会中选择最佳机会。

（5）如何确定工作地点。

职业生涯决策的原则

（6）选择什么样的工作风格。

（7）确定什么样的职业生涯目标，或者如何确定一系列晋升目标。

二、职业生涯决策风格

决策风格是指个体在长期的决策过程中形成的比较稳定的决策倾向。具有不同决策风格的个体有不同的决策偏好，他们对行动的迫切性有不同的反应，对待风险的态度与处理问题的方式也有明显的差异。美国职业生涯专家斯科特和布鲁斯认为职业生涯决策风格是个体在后天的学习过程中逐渐形成的，并将职业生涯决策风格划分为理智型、直觉型、依赖型、回避型和自发型 5 种。

（一）理智型

理智型决策风格是指个体以事实为依据进行分析和判断，并评估决策可能产生的长期影响，进而做出决策的行为倾向。具有这种决策风格的人能够进行冷静的思考和理智的判断，在做决策时通常会广泛地搜集信息，分析自身条件和环境因素，权衡可选方案的利弊。

（二）直觉型

直觉型决策风格是指个体基于自己的感受和情绪反应而做出决策的行为倾向。具有这种决策风格的人做决策的速度通常很快，做决策时只考虑自己想要的，不考虑外在因素，几乎不会系统地搜集相关信息。因此，他们做出错误决策的可能性较大，所做决策的不确定性也比较大。

（三）依赖型

依赖型决策风格是指个体在做决策时依赖他人的指导或建议的行为倾向。具有这种决策风格的人通常对自己的决策能力缺乏信心，做决策时比较被动，常常会等待或依赖他人的决定，他们有时还会简单地模仿他人的决策行为。

（四）回避型

回避型决策风格是指个体试图回避做决策的行为倾向。具有这种决策风格的人在面对决策问题时常常会产生焦虑情绪，害怕做出错误的决策而采取回避的态度。他们倾向于不考虑未来的发展方向，不设立发展目标。大学生需要认识到回避型决策风格的危害，并努力增强职业生涯决策意识，在做决策时努力调整行为模式，拒绝回避或拖延。

（五）自发型

自发型决策风格是指个体渴望尽快做出决策的行为倾向。具有这种决策风格的人很容易冲动，通常会在缺乏深思熟虑的情况下就做出决策，给人以果断或过于冲动的印象。由于渴望尽快做出决策，他们往往会因为决策过程所蕴含的不确定性因素而产生焦虑情绪。

课堂互动

请回想你曾经做出的一项重大决定，并从以下几个方面描述决策过程：① 目标及当时的情景；② 所拥有的可选方案；③ 所做出的选择；④ 决策方式。然后，请你对决策结果进行评估，并做好相关记录。

你的重大决定是________________________________。

你在重大事件上通常采用的决策风格是____________________。

你这么做的理由是________________________________。

如果让你重新做决策，则你的决定是______________________。

决策风格受人格特性的影响，但其并非恒定不变。大学生在决策时努力克服人格上的缺陷，就可以在一定程度上改变决策风格，让自己在做决策时从片面转向系统，从感性转向理性，从依赖转向独立，从被动转向主动，从冲动转向稳重。

三、职业生涯决策的影响因素

（一）非理性信念

个体会因特定经历而形成一些刻板的印象或先入为主的偏见，进而形成一些不合理或与事实不符的认知。这种认知就是非理性信念。非理性信念所蕴含的最常见的思维方式是绝对化。这种思维方式通常与“必须”“应该”“不得不”这类字眼联系在一起，如“我必须获得成功”“完成这件事应该很容易”等。

如何做好职业生涯决策

持有非理性信念的人极易陷入情绪困扰，这种困扰会对个体决策产生较大影响。因此，在职业生涯决策过程中，大学生应学会利用相对思维而不是绝对思维来思考问题，避免让非理性信念影响自己的职业生涯决策。

想要消除非理性信念，大学生可以问自己一些问题，如“我这么想，对解决问题有帮助吗？”“我的想法对吗？对（或不对）的理由是什么？”“我能找到证据来验证自己的想法吗？”“我是不是能换一个乐观一些的角度思考问题？”等。

拓展阅读

常见的非理性信念

美国著名心理学家艾利斯在 1962 年总结了人们最常见的 11 种非理性信念，这些非理性信念如下。

（1）在生活中，每个人都必须获得一位重要人物的喜爱或赞许。

（2）一个人至少应该在某一方面有所成就，有才干，能胜任，这样才会被视为有价值的人。

（3）人绝对不能犯错，如果犯了错，就应该受到谴责。

（4）如果遇到与自己的期望不一致的事情，那么结果就会很糟糕。

（5）人的不快乐是外在因素引起的，人没有能力消除自己的情绪困扰。

（6）人应该时常把发生危险或灾难性事件的可能性挂在心头。

（7）逃避困难、挑战和责任，比面对困难、挑战和责任更容易。

（8）人可以依靠他人，并且每个人都需要一个比自己强的人作为依靠。

（9）人的行为会受到过往经历的影响，只要一件事情对人产生了影响，那么这种影响就会持续一辈子。

（10）一个人应该对别人的困难或情绪困扰感到不安。

（11）任何一个问题都应该有正确的、完美的解决方案，如果找不到解决方案，那么结果就会很糟糕。

（资料来源：百度百科，有改动）

（二）信息因素

决策者所获信息的全面性、准确性在一定程度上决定了决策的科学性。在整个职业生涯决策过程中，信息代表着机会与可能性，是决策者做出决策的依据。具体来说，信息因素包括以下几点。

- **缺乏信息**：包括缺乏决策过程信息，如不知道如何确定职业发展方向或职业生涯目标；缺乏自我认知信息，如不了解自己的能力或职业偏好；缺乏职业相关信息，如对职业环境、职业种类、任职要求等方面缺乏了解。
- **信息失当**：所获得的信息是错误的，或信息不全面。这样会使决策缺乏可靠的依据，进而导致决策失误。
- **信息过多**：如果所获得的信息过多，不能有效地排除干扰项，被那些不重要的信息所困扰，可能会导致决策失败。

（三）缺乏准备

缺乏准备主要表现在以下两个方面。

- **缺乏决策动机。**例如，一些大学生认为自己还没到需要确定职业发展方向或制定生涯目标的时候，因而不愿意做出选择。
- **决策犹豫。**其主要表现为缺乏信心、犹豫不决、患得患失、无法取舍、不知道该如何选择，或者总认为会有更好的机会出现，不敢当机立断。

此外，当性格特质与职业类型匹配度较低甚至相矛盾时、所学专业与兴趣爱好不相吻合时、家人的意见与自己的想法不一致时，个体的职业生涯决策都容易受到较大影响。

四、职业生涯决策理论

（一）盖拉特的职业决策过程模式

盖拉特认为，决策是一连串决定的组合，任何一个新决定都受先前决定的影响，而新做出的决定又会引出后续的决定。所以，决策是多个决定连锁反应的过程。这也说明职业生涯决策不是单独的一次选择或单独的一个结果，而是持续不断地做出决定并进行修正的过程。

盖拉特的理论重点强调了决策资料的重要性和决策过程的严肃性，提出了处理资料的3个策略系统和决策过程的7个步骤。

3个策略系统包括预测系统、价值系统和决策系统。其中，预测系统用于预测不同的选择可能带来的结果，并估算每种选择可能带来某种结果的概率，以此作为制订行动方案的参考依据。价值系统用于判断个体对各种选择方案的喜好程度。决策系统用于确定评判各种选择方案的标准。决策者可以权衡行动方案的这3个方面，并以此确定最终的行动方案。

决策的7个具体步骤如下：① 根据自己的需求制定决策目标；② 根据决策目标搜集相关信息，了解可以选择的行动方案；③ 根据所掌握的信息，预测各种行动方案的成功概率或可能带来的结果；④ 根据价值系统，估算自己对每种行动方案的喜好程度；⑤ 评估各种行动方案，选择其中的一个方案进行执行；⑥ 若决策目标达成，则准备实施行动；⑦ 若决策目标没有达成，则继续探索其他可行的方案。

（二）克朗伯兹的社会学习论

社会学习论由美国著名心理学家班杜拉于20世纪70年代提出，强调独特的学习经验对个体人格与行为的影响。美国教育和心理学教授克朗伯兹将这一观念应用到职业生涯决策上，用于了解社会因素、遗传因素与个人因素对个体决策的影响。在此基础上，克朗伯兹又提出了影响职业决策的 4 大因素。这 4 个因素分别是遗传因素与特殊能力（包括职业偏好、智力、音乐能力、美术能力、动作协调能力等）、环境条件与特殊事件、学习经验（包括个体作用于环境的经验和环境作用于个体的经验）、工作取向技能（包括问题解决能力、工作习惯、工作的标准和价值、情绪反应、知觉和认知的过程等）。

之后，克朗伯兹利用社会学习理论对职业生涯决策技巧的作用进行研究，提出了职业生涯决策的 7 个步骤。这 7 个步骤如下。

（1）界定问题。弄清楚自己的需求及自身条件，并制定出明确的目标。

（2）制订行动计划。列出可能达成目标的行动方案，并规划执行方案的具体流程。

（3）澄清价值。界定自己的选择标准，将其作为评价各种方案的依据。

（4）分析可行方案。搜集资料，论证可行方案。

（5）评价各种可行方案。依据自己的标准，对各种可行方案进行评价。

（6）系统地删除不合理方案，挑选出最佳方案。

（7）确定方案之后，开始付诸实施。

克朗伯兹的理论是以社会学习的观点来解释人类生涯决策行为的，他特别强调社会影响因素和学习经验，具有较高的实用价值。

（三）丁克里奇的职业生涯决策风格理论

丁克里奇认为，不同的人在做事方式上所表现出来的习惯偏好不同，这种偏好是影响决策效果与决策效率的一个重要因素。他通过访谈研究，将人们进行职业生涯决策的风格归纳为 8 类，如表 3-1 所示。

表 3-1　职业生涯决策风格

风格类型	具体表现
冲动型	决策者冲动地选择自己遇到的第一个选项，不再考虑其他的选项或继续搜集信息。这种决策方式有一定的风险。当遇到更好的选择时，决策者可能会追悔莫及
宿命型	决策者不主动做出选择，而是将决定权留给命运。这类人容易持有消极的人生态度
顺从型	决策者顺从权威人物或意见领袖的想法，不敢坚持自己的意见或独立地做出决定。这类人相信“他们都觉得好就可以”，往往忽略了自身的独特性，所以他们做出的选择在很大程度上并不适合自己
延迟型	决策者迟迟不做决策，或者习惯于拖到最后一刻才做决策。这类人通常希望问题能够自动解决，或者被他人解决
苦恼型	决策者不会筛选信息，在做决策时顾虑重重，患得患失。这类人经常会说“我就是拿不定主意怎么办？”

（续表）

风格类型	具体表现
直觉型	决策者凭感觉来做决策，无法说清楚决策的依据。这类人所使用的决策信息可能会不符合实际情况
瘫痪型	决策者总是会焦虑，无法做出有效的决策。这类人的内心深处总是笼罩着"一想到这种事就害怕"的阴影，他们无法真正地为决策和决策的后果承担责任
计划型	决策者能够理性地思考，综合考虑自我需求和外界因素，从而有计划地做出决策。这类人能够积极、主动地解决问题

这 8 种决策风格没有绝对的优劣之分，各有其适用范围和局限性。例如，直觉型决策体现了决策者能够迅速提取相关信息的能力，也可以说他是一个反应快的理性决策者；喜欢到处咨询或模仿他人的决策者，有依赖的倾向，但也能最大限度地减少个人的认知偏差。

需要注意的是，决策风格既受个性的影响，又受到环境的塑造，并非绝对无法改变。

（四）蒂德曼的职业决策阶段论

美国学者蒂德曼提出了职业决策阶段论。该理论认为，职业生涯决策由一系列重复进行的步骤组成，是一个连续的过程。这一过程可以分为期望和预后阶段、实施和调整阶段，如图 3-1 所示。

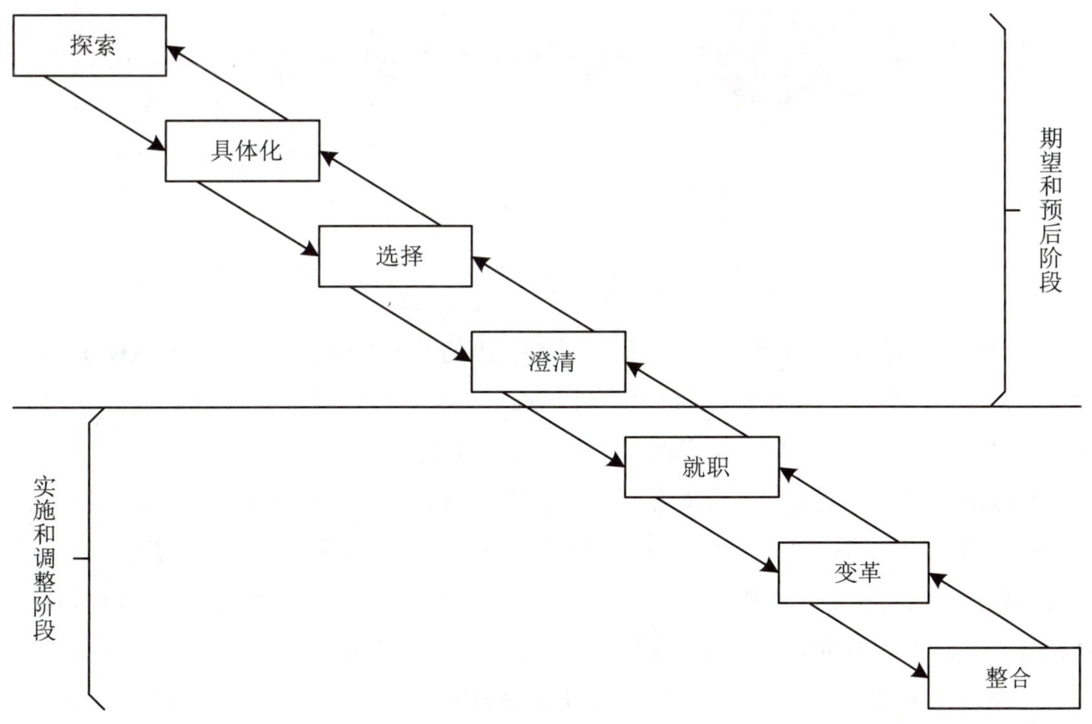

图 3-1　蒂德曼的职业决策阶段

第一阶段为期望和预后阶段，该阶段包括以下 4 个步骤。

- 探索。个体广泛地搜集信息，并根据自己的经验和能力，考虑不同的职业发展方向和目标，确定可选方案。
- 具体化。个体从目的、价值、回报等多个方面分析可选方案的优缺点。
- 选择。个体选择一个与自己的期望相符的方案，确定具体的职业目标。
- 澄清。个体进一步分析所选方案，消除相关疑虑。

第二阶段为实施和调整阶段，该阶段包括以下 3 个步骤。

- 就职。个体开始落实自己选择的职业发展方案，得到一个职位。
- 变革。个体调整心态，融入职业世界，在新环境中增强职业认同感。
- 整合。个体进一步认识自己，同时进一步获得他人的认可，在职场上实现自我认可和他人认可的平衡与统一。

蒂德曼的职业决策阶段论强调个体的复杂性与独特性，其研究焦点是个体的认知发展与一系列决策。在该理论中，蒂德曼强调自我发展与职业决策发展的一致性。他认为，职业生涯发展的过程是个体不断认识自我、处理阶段性事务和解决心理危机的过程，职业发展与个体心理的发展是同步的。

探索二 提升职业生涯决策技能

一、职业生涯决策方法

（一）SWOT 分析法

SWOT 分析法是由美国管理学教授韦里克提出的一种职业决策方法。在 SWOT 分析法中，S 代表优势（strength），W 代表劣势（weakness），O 代表机会（opportunity），T 代表威胁（threat）。其中，S 和 W 是内部因素，O 和 T 是外部因素。

SWOT 分析法主要将与研究对象密切相关的各种主要内部优势与劣势，以及外部的机会与威胁等，通过调查列举出来，并依照矩阵式排列，然后用系统分析的思想，把各种因素相互匹配并加以分析。在职业生涯决策过程中，大学生可以利用这种方法认识到自己的优缺点，发现外在的机会与挑战，寻找有利于自己发展的职业方向。

需要注意的是，大学生在进行 SWOT 决策分析时，不要过分夸大自己的优势，也不要过于自卑或把自己贬得一无是处，而应客观而全面地分析自己的优势与劣势，同时要注意分析自己的现状与潜力。

案例精选

小杨职业生涯决策的 SWOT 分析

小杨是某学校电气自动化专业的学生。他在校期间专业成绩优秀，曾多次获得奖学金，并一直担任学生会宣传部部长一职。此外，他还在假期做过短期的电气维修实习工作。他通过 SWOT 分析法分析了自己进入某大型电力公司的优势和劣势、机会和威胁，其分析结果如表 3-2 所示。

表 3-2　小杨职业生涯决策的 SWOT 分析

内部个人因素	优势（S）： 熟悉电子 CAD 绘图设计，部分 PLC 及单片机程序设计，熟练掌握计算机文字处理及信息录入编辑等办公软件；担任学生会干部，有一定的组织协调能力；吃苦耐劳，精力充沛，学习能力强	劣势（W）： 缺乏实践经验；对本专业领域内的情况了解不多，人脉积累不多，学历不占优势
外部环境因素	机会（O）： 电气自动化技术专业从事的是与电相关的领域，这个行业发展势头良好且非常稳定，且人才缺口较大	威胁（T）： 未来电气自动化相关专业毕业生将呈急剧上升趋势；许多企业对实际操作能力也有较高的要求

通过以上分析，可以看出小杨在专业、个性、组织协调能力等方面具有一定的优势，在实践经验和行业人脉资源等方面具有一定的劣势。因此，小杨需要进行一些针对性强的学习和训练，以充实自己的专业知识储备，提高自己的专业技能，从而提升自己的职业竞争力。

（二）决策平衡单分析法

决策平衡单分析法经常被应用于问题解决模式和职业咨询中，是帮助个体在决策过程中系统地分析每一个可能的选项，判断分别执行各选项的利弊得失的重要工具。它将重大决策的思考方向集中到自我物质方面的得失、他人物质方面的得失、自我精神方面的得失、他人精神方面的得失 4 个主题上进行评估。其实施过程如下。

（1）建立“职业生涯决策平衡单”表格，列出可能的职业选项。

（2）列出需要考虑的具体因素，将其作为指标划分到 4 个主题之下。

（3）每个指标标注权重。权重指数为 1～5，代表指标的重要程度。

（4）给每个方案中的指标打分，优势加分，缺点减分，加减分的范围为 1～10 分。

（5）用具体分数乘以权重，计算各项指标的分数。

（6）用 4 个主题下的得失分数之差算出各职业发展方案的总分。

（7）按照从高到低的顺序，对职业发展方案的总分进行排序，并进行分析对比，最终做出决策。

案例精选

莎莎的决策平衡单

莎莎是某高校会计专业三年级学生，她在毕业后参加工作还是考研这个问题上犹豫不决。于是，老师指导她利用“决策平衡单”做决策。表 3-3 和表 3-4 分别为莎莎的考虑因素及莎莎的决策平衡单。

表 3-3　莎莎的考虑因素

主题方面	考虑因素
自我物质得失	个人收入、健康状况、休闲时间、未来发展、升迁状况、社交范围
他人物质得失	家庭收入
自我精神得失	学有所用、进修需求、生活方式的改变、挑战性、成就感
他人精神得失	父母支持

表 3-4　莎莎的决策平衡单

考虑因素（权重）		方案一：工作		方案二：考研	
		得（+）	失（−）	得（+）	失（−）
个人物质方面	个人收入（4）	8（+32 分）			−6（−24 分）
	健康状况（2）		−6（−12 分）	3（+6 分）	
	休闲时间（3）		−1（−3 分）		−2（−6 分）
	未来发展（2）	2（+4 分）		6（+12 分）	
	升迁状况（1）	1（+1 分）		4（+4 分）	
	社交范围（3）	3（+9 分）			−1（−3 分）
他人物质方面	家庭收入（5）	3（+15 分）			−2（−10 分）

（续表）

考虑因素（权重）		方案一：工作		方案二：考研	
		得（+）	失（-）	得（+）	失（-）
个人精神方面	学有所用（2）	5（+10 分）		5（+10 分）	
	进修需求（3）	1（+3 分）		6（+18 分）	
	生活方式的改变(3)		-4（-12 分）		-1（-3 分）
	具有挑战性（4）	2（+8 分）		3（+12 分）	
	获得成就感（5）	3（+15 分）		3（+15 分）	
他人精神方面	父亲支持（4）	6（+24 分）		3（+12 分）	
	母亲支持（3）	5（+15 分）		5（+15 分）	
	男朋友支持（2）		-8（-16 分）	2（+4 分）	
总分		93 分		62 分	

通过计算，“方案一”的最终得分为 93 分，“方案二”的最终得分为 62 分。根据得分情况，老师建议莎莎首选参加工作。经过一番考虑后，莎莎最终选择了参加工作。

（三）5W 法

5W 法也称“归零思考法”，是指个体通过思考 5 个问题来进行职业生涯规划，进而做出决策的方法。这种方法简便易行，应用范围比较广泛。

一般来说，如果大学生能够成功地回答 5W 法的 5 个基本问题，通常就能做出决策。5W 法的 5 个基本问题如表 3-5 所示。

表 3-5　5W 法的 5 个基本问题

问题	如何回答
Who am I? （我是谁？）	面对自己，如实地写出关于自己的每一个特性，然后按重要性递减的顺序对各个特性进行排序
What will I do? （我想做什么？）	从初次萌生“想干什么”的念头开始，回忆自己在不同年龄段想做的事情，并将这些事情一一记录下来，最后按照重要性递减的顺序对所列事项进行排序
What can I do? （我能做什么？）	把自己已经具备的能力和自认为还可以开发出来的潜能一一列出
What does the situation allow me to do? （环境支持我做什么？）	将环境中可以为己所用的条件或所能获得的支持列出来，再按照重要性递减的顺序对其进行排序
What is the plan of my career and life? （我的职业规划与生活规划是怎样的？）	根据自己的实际情况认真地进行思考并回答

案例精选

小李的 5W 决策

小李在 27 岁时收到了某国一所名校的 MBA 入学通知书。在面对“出国”与“留下”这两个选项时，小李犯了难，于是他利用 5W 法进行了决策分析。

1．我是谁？

（1）我是一家管理咨询公司的经理，入职以来，与同事相处得不错，业绩和收入都令人满意。

（2）我成为经理之前做了一年多的业务员，开发了多项业务，曾连续 6 个月的业绩名列第一。

（3）我觉得从事管理咨询工作（工作尽责且能力出众）能受到客户的尊重，且收入也比较可观。这比较符合自己的期望值。

（4）我愿意做一个诚实、正直的人。

（5）我很爱我的父亲（退休的公务员）和母亲（普通退休干部），很担心他们的身体（患有慢性病）。我每年都会回老家看望他们。

（6）我不要求自己挣很多钱，但渴望体面而丰富多彩的生活。

（7）我以前不太注意储蓄，所以存的钱不多。

（8）我弟弟大学毕业后就直接出国留学了，有点儿羡慕他。

（9）我准备和女朋友结婚，所以正在考虑买车或买房，但尚未确定具体的时间。

（10）大学毕业 5 年了，身体健康，性格外向，积极乐观，好奇心较强，学习能力强，喜欢唱歌，有时会幻想。

2．我想做什么？

（1）我想做职业经理人或管理咨询顾问。

（2）我想先去外国读 MBA，再回来继续从事管理咨询工作。

（3）我想有属于自己的房子，希望每天能开车上班。

（4）我想在时机成熟时与他人合伙创办自己的咨询公司。我负责开发业务，其他人负责咨询方案。

3．我能做什么？

（1）我能管理公司的大量业务，能协调好公司各部门之间的关系。

（2）我是推广公司咨询业务的能手，也是指导下属开发客户的老师。

（3）我会讲业务开发的课程和一些较容易的管理课程。

（4）我会开车。

（5）我学习能力很强。

4．环境支持我做什么？

（1）我可能马上就要升职了，而且我非常有希望获得公司一定数量的股份（公司计划明年转型为集团公司，并投资多个专业管理咨询公司）。

（2）市内有多家同类公司邀请我去担任业务总监或副总，薪酬是现在的两倍，有些公司还许诺赠送我股份，但我不知道这些公司的承诺能否兑现。

（3）我父母的经济情况良好，因此，我出国深造不用担心家里的经济问题。

5．我的职业规划和生活规划是怎样的？

（1）出国读书，但是在将来毕业回国后，我很可能需要从头开始。

（2）继续在现在的公司工作，今后可能被提拔，并获得合伙创业的机会。在工作的同时，我需要进修在职 MBA。

（3）先买房、结婚，后买车。

（4）经常回家看望父母，以后接他们过来同住。

（5）去其他公司做合伙创业者。

通过分析，小李选择了继续留在国内工作，并确定了 3 年内的努力目标：晋升为所在公司的副总经理；在国内攻读在职 MBA；成为公司的正式股东；拥有自己的住房与汽车；结婚并将父母接来同住。

经过努力，小李的 3 年目标都已经实现了。

（资料来源：湖北经济学院官网，有改动）

二、职业生涯决策能力的提升

职业生涯决策是一个高度复杂的过程，需要不断积累经验，学习和提高决策的技能。

（一）增强决策动机

需要做决策时，大学生应当积极面对，而不能一味地拖延或逃避，或者总是期待他人帮自己做决策。如果大学生缺乏决策动机，则可以通过下列方式来增强决策动机：与已经做出决策的人交流，感受及时做出决策的重要性；与那些已实现职业生涯转变的人交流，体会他们做决策后的感受，进而增强自己做决策的信心。

（二）强化信息收集

一些大学生之所以不会合理地做决策，是因为他们不了解职业环境的相关信息，或者不清楚获取职业信息的渠道。因此，大学生要想提升自己的职业生涯决策技能，就应当通过职业测评、他人评价、社会实践、生涯人物访谈等方式来广泛搜集和充分利用相关信息，从而为有效地做出职业生涯决策提供依据。

（三）寻求专业支持

如果大学生不知道如何有效地提升决策技能，那么大学生可以通过参加各种生涯课程锻炼自己的决策能力，或者向职业咨询人员寻求帮助。

（四）突破行动障碍

一个人如果总是犹豫不决、畏缩不前，就可能丧失良好的决策机会。因此，大学生应当增强行动意识，突破行动障碍，并提高执行力。因为在行动过程中，大学生有更多的机会发掘新的兴趣和潜能，或者发现新的就业机会。

如何突破行动障碍

（五）构建积极的自我对话

自我对话是个体与自己的内心进行交流的过程。它有时是积极的，有时是消极的。大学生应有意识地构建积极的自我对话。具体而言，大学生可以从以下几个方面着手。

1．培养积极思考的习惯

要想有效地构建积极的自我对话，进而提升职业生涯决策能力，大学生首先应培养积极思考的习惯，并善于客观地评价自己。

消极的自我对话会干扰信息加工的有效性，进而让自己的职业生涯决策行为受阻。当个体形成消极思维模式后，大脑往往会给出“做什么都没有用”的结论，暗示个体所面临的“困难”无法克服，让个体认为“即使投入的精力再多，也得不到回报”。因此，大学生必须消除消极思维，养成积极思考的习惯。

砥节砺行

党的二十大报告指出：“我们要善于通过历史看现实、透过现象看本质，把握好全局和局部、当前和长远、宏观和微观、主要矛盾和次要矛盾、特殊和一般的关系，不断提高战略思维、历史思维、辩证思维、系统思维、创新思维、法治思维、底线思维能力，为前瞻性思考、全局性谋划、整体性推进党和国家各项事业提供科

学思想方法。”大学生应认真学习二十大报告的内容，努力培养自己的大局观，在进行决策时学会从整体、长远、大势上作出判断，并在实践中不断锤炼自己把握事物发展规律的预见能力，从而敏锐地洞悉前进道路上可能出现的机遇和挑战。

2．发展自我觉察能力

自我觉察能力是指个体知道自己正在做什么和为什么要这么做的感知能力。在决策过程中，个体可以通过主动觉察自我身心状态，分析影响自己做决策的因素，从而有针对性地解决问题。优秀的职业生涯决策者在做决策的过程中往往能够意识到自己的感受和他人的需要，能够平衡自身利益和他人利益，从而做出对自己、他人和社会都有利的选择。因此，大学生应当有意识地发展自我觉察能力。

3．提升自我控制能力

自我控制能力是指个体对自身言行进行反思和控制的能力。个体只有有效地提升管理情绪的能力，及时调整自己的决策方式和行动策略，才能不断提升自己理性决策的能力。

实战演练

一、我的平衡轮

请你先画一个圆作为“我的平衡轮”，并将其分成8等分，然后列出生活中最重要的8个方面，如健康、家庭、学业、爱情、朋友、财富、篮球、音乐等，将其填入“我的平衡轮”中，再思考下面的问题，并将答案写在横线上。

（1）这8个方面的优先顺序是什么样的？请你按照重要程度从高到低的顺序将它们进行排列。

____

____

____

（2）最重要的方面是什么？它为什么重要？

____

____

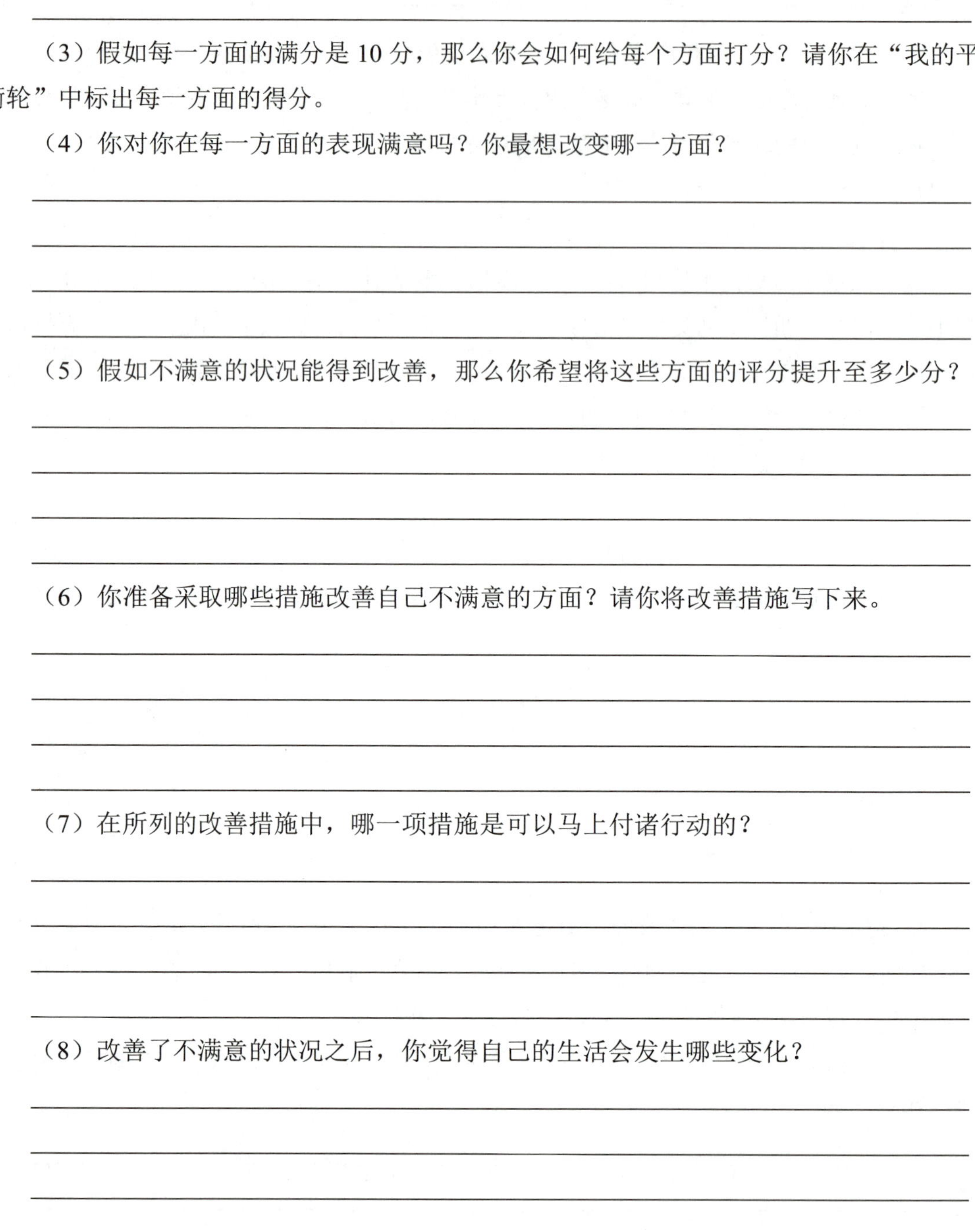

（3）假如每一方面的满分是 10 分，那么你会如何给每个方面打分？请你在“我的平衡轮”中标出每一方面的得分。

（4）你对你在每一方面的表现满意吗？你最想改变哪一方面？

（5）假如不满意的状况能得到改善，那么你希望将这些方面的评分提升至多少分？

（6）你准备采取哪些措施改善自己不满意的方面？请你将改善措施写下来。

（7）在所列的改善措施中，哪一项措施是可以马上付诸行动的？

（8）改善了不满意的状况之后，你觉得自己的生活会发生哪些变化？

二、六步游戏

以下是国外学者通过反复探讨设计出来的一个寻找人生目标的方法，被称为“六步游戏”。请你通过“六步游戏”来寻找自己的人生目标。

游戏道具：4～5 张小纸片。

环境要求：安静舒适。

情绪状态：精神饱满，情绪激昂，思维活跃。

注意事项：探寻目标时应考虑周全，避免仅考虑一个方面（如仅考虑事业）。

游戏步骤：

（1）寻找终生目标。

请你思考自己的终生目标是什么，然后在一张纸上写出答案，限时 2 分钟。如果你无法快速确定自己的人生目标，那么你可以回想一下自己童年时期的梦想，或者那些令自己最开心的事，以此作为启发，然后写出自己的答案。

（2）思考如何度过接下来的 3 年。

请你思考自己该怎样度过接下来的 3 年，然后在第 2 张纸上写出答案，限时 2 分钟。答案的内容应比第 1 张纸片上的内容更加具体。这里的“具体”是指所写的目标更明确。例如，第 1 张纸上你写了“要过幸福的生活”，那么在第 2 张纸上就应将该目标分解为更具体的若干目标。

（3）说出半年内最重要的事。

请你思考自己在接下来的半年内应该做哪些事，以及哪些工作对你最重要，然后在第 3 张纸上写出答案，限时 2 分钟。这张纸片所罗列的内容应该比上一张纸上的内容更具体、细致、全面。

（4）浏览前 3 个问题的答案。

请你浏览前 3 个问题的答案，你会发现，第 2 个问题的答案就是第 1 个答案的延伸，第 3 个问题的答案是前两个答案的进一步延伸。如果你的 3 个答案之间不具备这种逻辑关系，就需要重新回答这 3 个问题，务必使其符合事物的发展逻辑。

（5）目标分类。

请你将写在 3 张纸上面的目标进行归类，如分为学业目标、事业目标、爱好与特长目标、婚恋目标、人际交往目标、身心素质目标等。

（6）确立不同时期的目标。

请你以性质或内容为标准对 3 张纸片上的目标进行连线，将同一性质或同种类别的目标连成一条线，使其形成长期——中期——短期目标。然后，结合自己的实际情况，根据短期目标制订切实可行的月计划、周计划、日计划。在制订计划的过程中，请你确保下一级计划的内容都能够服务于上一级计划的内容。例如，制订日计划是为了完成周计划，制订周计划是为了完成月计划。

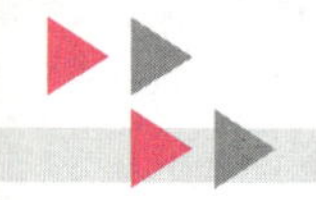

三、决策风格类型测试

请你在表 3-6 中选出符合自身实际情况的选项，按规则进行计分。

表 3-6 决策风格类型测试表

情景陈述	符合/不符合	类型
（1）我常常仓促地做出草率的判断	□ □	★
（2）我做事情时不喜欢自己出主意	□ □	●
（3）碰到难处理的事情时，我会先把它放到一边	□ □	▲
（4）我会从多个方面搜集做决定所需要的信息	□ □	■
（5）我常常冲动行事	□ □	★
（6）做事时，我喜欢有人陪在身边，以便随时商量	□ □	●
（7）遇到需要做决定的情况时，我会紧张不安	□ □	▲
（8）我会对搜集的信息进行分析，并列出可选择的方案	□ □	■
（9）我经常改变自己做出的决定	□ □	★
（10）发现别人的看法与自己的不同时，我不知道该怎么办	□ □	●
（11）我做决定时总是瞻前顾后	□ □	▲
（12）我会权衡各个可选择方案的利弊，以便做出最佳选择	□ □	■
（13）在做决定之前，我从未做过任何准备，也未预测过可能出现的结果	□ □	★
（14）我很容易受别人意见的影响	□ □	●
（15）我觉得做决定是一件痛苦的事情	□ □	▲
（16）我做决定时会先参考他人的意见，再考虑自己的情况	□ □	■
（17）我常常不经慎重考虑就做出决定	□ □	★
（18）在父母、师长或亲友催促之前，我并不打算做任何决定	□ □	●
（19）为了避免承受做决定的痛苦，我现在并不想做决定	□ □	▲
（20）经过深思熟虑之后，我会选择一个最佳的方案	□ □	■
（21）我喜欢凭直觉做事	□ □	★
（22）我常让父母、师长或亲友为我做决定	□ □	●
（23）我处理事情时经常犹豫不决	□ □	▲
（24）选定方案之后，我会做好必要的准备工作，并全力以赴地落实该方案	□ □	■

计分方式：

（1）选择“符合”得 1 分，选择“不符合”得 0 分。

（2）将同一类型的得分记入测试结果表（见表 3-7）。

测试结果：哪种类型的得分最高，你的决策风格就属于哪种类型。

表 3-7　测试结果表

题号组	1，5，9， 13，17，21	2，6，10， 14，18，22	3，7，11， 15，19，23	4，8，12， 16，20，24
得分				
决策类型	直觉型	依赖型	拖延型	理性型

项目四

勤学笃行，不负青春
——职业能力提升

学习目标

知识目标

- 了解专业能力和通用能力的内涵。
- 熟悉提升专业能力及通用能力的途径。

能力目标

- 能够在日常生活与学习中通过各种途径提升自己的职业能力。
- 能明确自己还需要发展和培养的能力，并有针对性地提升这些能力。

素质目标

- 积极参加与所学专业相关的实践活动，培养工匠精神。
- 增强自信，明白每个人都具有独特的潜在能力，每个人都是可以被雕琢的。

引导案例——客观认识自己，自觉培养综合能力

小刘是某高校机械制造专业的学生。在校期间，他参加了省级专业技能竞赛并获得了不错的成绩。还没毕业，小刘就已经与某大型企业签订了就业协议。可是小刘最近也有一些苦恼。他觉得自己性格内向，人际交往能力和口头表达能力也很弱，他害怕自己内向的性格和较弱的人际交往能力会影响以后的职业发展。

与小刘同一专业的小易则十分羡慕小刘。小易的人际交往能力很强，他在大学期间，多次做过市场推广方面的兼职工作。但是小易不喜欢自己的专业，他的专业能力和动手能力都不如小刘。小易觉得自己差强人意的专业能力会阻碍自己找到好的工作，为此他非常烦恼。

像小刘和小易一样的大学生有很多，他们在即将步入社会时，或多或少地存在一些困惑。他们既不清楚自己有哪些能力和长处，也不清楚应该提升哪些能力，更不知道如何才能提升必备的技能。那么，大学生如何正确地评估和认识自己的能力？为提升自己的就业竞争力，大学期间应培养自己哪些方面的能力？

在职业生涯中，专业能力和通用能力是每个人必须具备的。无论一个人的能力倾向如何，将来选择什么样的职业，都不能忽视这两种能力的提升。大学生只有努力学习专业知识，熟练掌握专业技能，主动提升自己的综合素质，才能获得更好的职业发展。

探索一 专业能力提升

一、专业能力的内涵

专业能力是指个体从事职业活动和创业活动所需要的知识和技能，以及运用已经掌握的知识和技能解决职业工作中的实际问题的能力。它是人们从事某一特定职业所必须具备的能力。

能力不是天生的。任何一种能力都是知识和智力（注意力、观察力、思维力、想象力等）应用于实践中的结果。因此，专业能力离不开知识、智力和实践。

二、提升专业能力的途径

要想提升专业能力，大学生必须将理论与实践结合起来，在实践活动中逐步提高专业技能水平和解决实际问题的能力。提升专业能力的具体途径有以下几种。

（一）学会学习，积累专业知识

“二八”法则助你高效学习

知识是能力的基础，离开了知识的积累，能力就成了“无源之水”。历史上有所建树的人，一般都掌握了丰富的知识，具有较高的专业知识水平，且通常十分注重弥补自身知识的不足。在现代社会，知识更新速度不断加快，一个人通过学校常规教育所获得的知识相当有限。因此，大学生应该掌握科学的学习方法，充分利用学校的教学资源，通过自我教育不断更新自己的知识，以便更加深刻地认识专业领域中的各种事物及其发展现状，为自己的职业生涯发展打下坚实的基础。

常见的学习方法如下。

1. 目的性学习

目的性学习是指个体带着明确的目标，主动规划学习进程，安排学习内容。这种学习方法要求个体学习目标明确，并清楚自己所要获得的学习效果。

2. 选择性学习

选择性学习是指个体根据自身需求有选择地学习相关知识。这种学习方法要求个体明确自身需求，并能根据自己的需要对专业知识进行分类、整理。

3. 研究性学习

研究性学习是指个体根据某专业、某学科的学习要求，对相关领域的专业知识进行探索和研究。这种学习方法要求个体善于发现问题、提出问题，并愿意通过钻研来寻求这些问题的答案，进而获得新知识。

4. 实践性学习

实践性学习是指个体通过专业实践、社会实践等活动获得专业知识和经验。

5. 创造性学习

创造性学习是指个体创造性地运用所学知识去适应新的情况，探索新的问题，不断拓宽自己的视野。这种学习方法要求个体不满足现成的答案和结果，能对所学内容进行独立的思考。

课堂互动

不同职业对其从业者的专业能力要求不同。例如，教师需要具备表述技能、书写技能、信息处理技能、应用现代教学媒体的能力等；公务员需要具备语言、组织管理、文字书写、计算机管理等；IT 人员需要具备编程、网络维护等。

请思考：与你所学专业相关的职业，要求从业者具备哪些专业能力？

（二）积极实践，提升专业技能

对于大学生来说，将理论知识转化为实践技能是十分重要的，而实践技能的转化与提升需要在实践活动中进行。因此，大学生应该通过反复操练来提升技能的熟练度，进而获得更高的技能水平，形成自己的技能经验。

大学生还应善于利用学校安排的各种实践活动（如社团活动、实训课、顶岗实习等），并在活动中运用相关理论知识解决实际问题，提升自己的专业技能水平。

榜样力量

邱宝珠——机械行业的“拼命三娘”

邱宝珠，党的二十大代表，湖南三特机械制造有限公司的中级工程师。她在男性占据主导地位的机械世界里打拼了 14 年，从一个普通操作工成长为数控编程、模具设计专家，被工友们亲切地称为“拼命三娘”“铿锵玫瑰”。

2007 年，18 岁的福建姑娘邱宝珠中学毕业，获得了一次参加数控技术培训的机会。培训期间，邱宝珠第一次接触到 CAD 图纸设计、CNC 程序编写和 CAM 加工中心操作。虽然没有任何专业基础，一开始也摸不着头脑，但是邱宝珠积极上进，遇到不懂的问题时就主动向老师请教。同级学员需要帮助时，她也十分乐于帮助同级学员。当时班里有 40 个人，只有 3 名女生。邱宝珠说：“老师对我们说过，做机械设计行业的女孩子特别少，工作也不轻松。因此，很多人不太看好我。”

难道女孩子就做不好机械行业的工作吗？不服输的邱宝珠，凭借坚持不懈的学习干劲和超强的毅力，快速掌握了相关的理论基础和基本工作流程，从同级学员中脱颖而出，并成功进入湖南三特机械制造有限公司。

邱宝珠这一干就是 14 年。在公司，只要工作有需要，她总是随叫随到，毫无怨言。在公司成立之初，作为公司唯一的设计人员，她身兼产品设计、模具设计、现场加工、学徒培训等多项工作。曾经有一段时间，她白天设计产品图，晚上加工模具，凌晨两三点才休息，后来干脆住到了车间。

多年来，邱宝珠敢于向高难技术不断发起挑战。邱宝珠曾改良出一款“二合一粗精锻同体”模具，使得模具出模合格率高达99%，为公司节约了一大笔成本；她设计的先镗后钻工装，保证了产品加工精度，延长了产品使用寿命；她主导设计的高耐磨性易拆卸工业油链，填补了国内相关技术的空白。凭着强烈的求知欲望、脚踏实地的工作态度和出色的工作成果，邱宝珠被公司评为“最有价值的员工”。

“做机械行业，累是肯定的，特别是遇到技术攻关的时候，连续加班一个星期都是家常便饭，但是当成果出来的那一刻，我觉得所有的累和苦都是值得的。”邱宝珠说。她用爱岗敬业的实际行动诠释着专注创新、精益求精、踏踏实实的工匠精神。“干一行爱一行，有付出就会有收获”，这是邱宝珠扎根于机械行业14年的工作感悟。

截至2022年10月，她与团队共申报专利27项，获得发明专利9项，实用新型专利8项，她还获得了“全国劳动模范”“全国五一劳动奖章”“湖南省优秀共产党员”等荣誉称号。

（资料来源：湖南日报，有改动）

（三）学以致用，提升应用能力

应用能力是指运用所学的知识原理和知识技能解决问题的能力，应用能力较强的毕业生往往会受到用人单位青睐。一般来说，大学生要想提升应用能力，应积极培养以下几项能力。

1. 发现问题

问题是客观存在的，有的问题较为明显，容易被发现；有的问题比较隐蔽，不容易被发现。能否发现问题，主要取决于3个因素：一是个体探索问题的主动性，主动性越强，发现问题的可能性就越大；二是个体的学识，个体的知识越广博，经验越丰富，视野就越开阔，就越容易发现问题；三是个体的求知欲望，求知欲望越强的人，越不满足于现有认知，对新知识的渴求会促使他们发现新问题。

2. 提出问题

提出问题最基本的是敢于质疑。在日常生活和学习中，个体发现问题容易，敢于质疑权威、提出问题，或者说出自己的想法却相对较难。大学生要想锻炼自己提出问题的能力，首先应当克服思想上的“惰性”，其次应敢于质疑权威并表达自己的看法。

3. 分析问题

分析问题是解决问题的关键环节。分析问题就是要分析在某种情况下解决某个问题的有利条件和不利条件，以及该问题的核心，找出现有条件与问题核心之间的内在联系，把握住问题的主要矛盾，进而找到解决问题的方法。大学生要想提升分析问题的能力，就应加强分析问题的思维锻炼，学会准确把握问题的核心，结合现有条件权衡利弊，以便找到解决方案。

4．解决问题

一旦明确了问题的根源，个体就可以制订各种解决问题的方案。在分析问题的过程中，对于同一个问题，人们往往会提出多种假设，以确定最佳解决方案。这里的“假设”就是寻求解决方案的关键。大学生要想提升解决问题的能力，必须加强创新思维的锻炼，善于通过“假设”来寻求突破口。

探索二 通用能力提升

一、通用能力的内涵

通用能力是相对于专业能力而言的，顾名思义，就是具有通用性、可迁移性的能力，如情绪管理能力、时间管理能力、人际交往能力、团队合作能力、行动力等。从事任何职业的人都必须具备通用能力。通用能力对人的职业发展起着重要作用，这种能力可以提高人们工作的灵活性、适应性和机动性，是人们获得就业机会、促进职业发展的重要保障。

二、提升通用能力的途径

（一）提升情绪管理能力

情绪是复杂多样的，通常分为正面情绪和负面情绪。大学生应善于管理自己的负面情绪，及时调整心理状态，消除负面情绪对自己的影响，不断提升自己的身心健康水平，提升驾驭情绪的能力，以便更好地开展职业活动。

提升情绪管理能力的方法有以下几种。

1．改变对事件的认知与评价

心理学家认为，情绪并不是事件本身引起的，而是经历这一事件的个体对事件的认知和评价引起的，这就是著名的情绪理论（即 ABC 理论）。例如，有的人因为做错了事便认为自己无能，进而感到伤心难过，在这里，“做错了事”就是事件“A”；“认为自己无能”就是个体对事件的认知和评价“B”；“伤心难过”就是个体因为认为自己无能而产生的情绪体验“C”。该理论认为，改变个体对该事件的认知和评价，就可以改变个体的情绪体验。因此，大学生应经常体察自己的情绪状态，增强自己觉察情绪的敏锐性，有意识地改变自己对情绪诱发事件的负面认知和负面评价，以提升自己的情绪管理能力。

2. 妥善控制自己的负面情绪

某心理学家经研究发现，一个人在一生中平均有20%的时间处于情绪不佳的状态。由此可知，情绪不好是很常见的现象。当产生负面情绪时，大学生应当学会管理自己的情绪，不要让自己的情绪像一匹脱缰的野马一样无法控制。

管理自己的负面情绪并不意味着一味地压抑情绪，那样可能会适得其反，甚至损害自己的身心健康。妥善的做法是用恰当的方式表达情绪或用合理的方法宣泄情绪。例如，当产生某种负面情绪时，大学生可以通过唱歌、散布、游玩等方式有意识地转移注意力，从而缓解自己的不良情绪。

3. 直面自己内心的想法

情绪归根结底源于个体对事物的认知和评价。如果大学生能够直面自己内心的想法，改变不理性的认知和观念，那么管理好自己的情绪就不是一件难事。当情绪不佳的时候，大学生应积极地看待此事，激励自己，使自己保持乐观豁达的心态。

案例精选

农场主的故事

有一个农场主，他每次和别人起争执而生气的时候，就会以很快的速度跑回家，绕着自己的房子和土地跑3圈，然后坐在田边喘气。

农场主工作非常努力，他的房子越来越大，土地面积也越来越大。可是不管房子和土地面积多么大，农场主还是坚持在每次生气的时候，绕着房子和土地跑3圈。“为什么这个农场主每次生气时都要绕着房子和土地跑3圈呢？”所有熟悉他的人都想不明白。然而，不管别人怎么问，农场主都不愿意说明原因。

后来，农场主老了，不能像年轻时一样跑3圈，可是他每次生气后还会坚持走3圈。有一天，他生气后拄着拐杖艰难地绕着房子和土地走圈。当他走完3圈后，太阳都已经下了山。当农场主坐在田边休息时，他的孙子在旁边恳求道：“阿公，您已经这么大年纪了，这四周也没有其他人的土地比您的更大，您不能再像从前一样，一生气就绕着房子和土地跑3圈了。还有，您可不可以告诉我您一生气就绕着房子和土地跑3圈的原因？”面对孙子的疑问，农场主终于说出了藏在心底多年的秘密。他说：“年轻的时候，我一和人吵架、争论、生气，就绕着房子和土地跑3圈，边跑边想，

自己的房子这么小，土地这么少，哪有时间去和别人吵架呢！想到这里，气就消了，然后我就把所有的时间都用来努力工作了。”孙子问道：“阿公，现在您年纪大了，已经变成富有的人了，为什么还要绕着房子和土地走呢？”农场主笑着说：“现在，我有时候也会生气，生气时就绕着房子和土地走3圈，边走边想，自己的房子这么大，土地这么多，又何必和他人计较呢？一想到这里，气就消了。”

在日常生活和工作中，人们难免因各种事务而产生不良情绪，这时候应像欧阳朔一样，将自己的精力和时间用到有意义的事情上去。

（资料来源：搜狐网，有改动）

（二）提升时间管理能力

时间是最宝贵、最稀缺的资源，它无法再生、无法储存。一切活动的开展都需要时间。现代管理大师彼得•德鲁克说：“不能管理时间，便什么都不能管理。”可见，科学合理地管理和利用时间是现代人必须掌握的一项技能。

时间管理是指为提高时间的利用率，而合理计划与控制时间、有效安排与利用时间的过程。对于大学生来说，学会把握时间，树立强烈的时间观念，养成良好的学习和生活习惯，对管理自己的大学生活、规划自己的未来有着至关重要的作用。

课堂互动

一天早上，农夫对妻子说他要去耕地，然后就出门了。他走到要耕的那片地时，发现耕地的机器没油了，于是准备去加油。正准备去给机器加油时，他又想起家里的猪还没喂。机器没油只是不能工作，而猪吃不饱就会饿瘦。于是，农夫决定先回家喂猪。在回家的路上，农夫经过一个仓库。他看到仓库的地上散落了几个土豆，猛然想起自家的土豆种子可能要发芽了，应该去看看。于是，农夫向种土豆的田地走去。半路上经过一个柴堆，农夫又想起家里的木柴快要用完了。他便走向柴堆，准备抱一些木柴回家。他走近柴堆时，发现一只鸡倒在地上，原来这只鸡的爪子受伤了。农夫又决定先给鸡包扎一下受伤的爪子……就这样，农夫一大早就出门了，直到太阳落山才回家。他晕头转向地忙了一天，却发现自己猪也没喂，油也没加，最重要的是，地也没耕。

请思考：为什么故事中的农夫忙了一天却什么事都没做好？农夫应该怎样安排他这一天的时间？

提升管理时间的能力，可以从以下几方面做起。

1. 培养时间管理意识

人的行为是由意识支配的，要想提升时间管理能力，首先应培养时间管理意识。大学生只有树立了时间管理意识，才会主动考虑如何合理分配时间、如何有效利用时间，从而提高学习效率，提升职业能力。

时间管理秘籍

2. 设定事情的优先处理顺序

时间是公平的，每个人每天只拥有 24 小时。合理地分配与利用时间是一个人获得成功的关键。每天都会有很多事情要做，大学生要想提高时间利用率，就应学会在分配时间之前，按轻重缓急的顺序对事情进行排序，以便利用最少的时间获得最大的效益。

拓展阅读

“挤时间”实验

一天，一位时间管理专家为一群大学生上课。专家站在这些天之骄子们面前，拿出一个广口玻璃瓶放在桌上，然后又取出一堆拳头大小的石块，将其一块一块地放进玻璃瓶里。直到石块高出瓶口，再也放不下了，专家才停下，并问学生：“瓶子满了吗？”学生回答：“满了。”时间管理专家反问：“真的吗？”然后他伸手从桌下拿出一桶碎石，倒了一些进去，并敲击玻璃瓶壁，以使碎石填满石块的间隙。

“现在瓶子满了吗？”专家第二次问道。这一次，学生仿佛明白了什么，于是一位学生回答：“可能还没有满。”专家满意地点点头，又伸手从桌下拿出一桶沙，开始慢慢倒进玻璃瓶。沙子填满了石块和碎石的所有间隙。专家又一次问学生：“瓶子满了吗？”这一次，学生们不再犹豫，大声回答：“没满！”专家点点头，笑着拿出一壶水倒进了玻璃瓶中。当瓶内的水与瓶口持平时，专家终于停下来，看着学生们，问道：“这个实验让我们学到了什么？”一个学生举手发言，说：“它告诉我们，无论你的时间表多么紧凑，如果你挤出时间，就可以做更多的事情。”专家听了，说：“你说得有道理，但是并不全对。这个实验还告诉我们，如果我们把顺序倒过来，先往瓶子里面倒水，那么，沙子、小石块和大石块都无法放进这个瓶子里了。也就是说，先放大石块就是时间管理的奥妙所在。”

这个实验告诉我们：事分轻重缓急，先做最重要的事情，合理分配时间，才能帮助人们更有效地安排工作和学习。

（资料来源：学识网，有改动）

3．排除干扰，适时说“不”

一些大学生在学习和生活中不懂得拒绝他人，往往不假思索地接受他人的临时委托。这样容易将自己的日常安排打乱，并浪费宝贵的时间。大学生应该学会量力而行，适当拒绝。当他人委托自己帮忙时，大学生不要毫不犹豫地接受，而要考试实际情况和自己的能力，再决定是否接受。如果不能接受他人的委托，则要坚决地说“不”。

（三）提升人际交往能力

人际交往能力在现代职场上越来越重要。某大学就业指导小组曾对几千名离职人员开展过一项综合调查。调查结果显示：因人际关系问题而离职的人，比因不称职而离职的人多出两倍；在所有不能发挥自身优势而获得成功的人中，因人际关系不和谐而无法施展自身才华的人占 90%以上；在所有主动离职的人中，因无法与他人和谐相处而离职的人占 80%。可见，人际交往能力在职场中十分重要。因此，大学生应努力提升人际交往能力，学会理解和包容他人，学会妥善处理人际冲突，做到与他人和谐相处。

提升人际交往能力的常用技巧如下。

1．学会尊重他人

尊重他人是建立良好人际关系的前提。在人际交往中，如果大学生能够尊重他人、将心比心、以情换情，就能更好地与他人建立和谐的关系，并获得他人的尊重。

2．学会赞美他人

赞美他人有助于增进彼此之间的友谊，促进人际关系健康发展。真诚的赞美能给他人带来快乐，能让人与人之间的关系变得融洽。

3．学会谅解他人

每个人都有优点和缺点。在人际交往中，大学生不能苛求他人，也不能只看到他人的不足之处，而要学会发现他人的长处；与他人发生摩擦时，应学会谅解他人。如果大学生凡事斤斤计较，必然会导致自己的人际关系越来越紧张，对人对己都没有任何益处。

4．学会换位思考

和谐的人际关系是建立在彼此相互理解和包容的基础上的。因此，大学生应当学会换位思考，做到“己所不欲，勿施于人”。

5．关心帮助他人

每个人都有可能遇到困难，都需要他人的帮助。当他人遇到困难、挫折，需要帮助的时候，大学生应懂得伸出援助之手，给予他人关心、帮助和支持。

6．待人谦逊有礼

在与人交往时，大学生应谦逊有礼，不能骄傲自满、目空一切。否则，将不利于良好

人际关系的建立和维持。

7. 善于倾听他人

倾听能更好地表达对他人的尊重、理解和接纳。大学生在与人交谈时要专注，认真倾听，并适时地给予适当的反馈；同时，不要随意打断他人的话，在表达自己的不同看法时，应顾及交谈对象的感受，尽量避免发生冲突。

（四）提高团队合作能力

在现代社会，团队合作能力越来越重要，许多企业都把团队合作精神作为企业文化的重要组成部分。一些用人单位在招聘员工时，也会把团队合作能力作为人员录用的重要标准之一。

要想提升团队合作能力，大学生需要做到以下几点。

1. 信任

信任是合作的基础，更是一种团队力量。团队是一个相互协作的群体，只有团队成员相互信任，才能促使成员为团队的奋斗目标不懈努力。

2. 宽容

宽容是团队的润滑剂，能消除分歧和争端，能使团队成员互敬互重、和谐相处，并体会到合作的快乐。

3. 负责

团队成员在合作过程中难免会遇到各种问题，有时还会犯错。如果每次出现问题时大家都相互推卸责任，这个团队就不可能获得强大的战斗力，久而久之还会导致人心涣散。因此，大学生要勇于担当、善于作为，对自己和整个团队负责。

4. 互助

当团队出现“短板”时，团队成员要学会互助，相互补台，而不能“各人自扫门前雪”。只有团队成员懂得互助，才能充分发挥团队的作用。

案例精选

一人不成众，一木不成林

小李是一家大型软件公司的技术员，他学历高、能力强。可奇怪的是，小李在公司两年了，那些能力比他差的人都升职了，而他却一直停留在原位。小李觉得自己受到了老板的冷落，于是在深思熟虑后，向老板提出了辞职。他本以为，老板会出于对他能力的认可而挽留他，可没想到的是，老板竟然很快就批准了他的辞职请求。

离开公司的那天，小李终于忍不住了。他跑到老板办公室，不解地问：“老板，如果我离开公司，您难道一点都不会觉得遗憾吗？”老板看着他，回答说：“我当然会遗憾，因为我将失去一位有能力的员工。”小李更疑惑了，接着问：“那您为什么不用升职挽留我呢？”老板听了，笑着说：“小伙子，你在公司这么长时间，都没有融入你所在的团队。每次团队的重要任务，你都不能很好地与其他成员配合。很多次你们团队的任务，都因为你的一意孤行而出现问题。这样的员工就算个人能力再突出，也很难给整个公司的发展带来更好的效益。而那些能够全身心融入团队的员工，才是公司最想要的啊！”

现在的企业越来越重视团队的力量，越来越多的企业把是否具有团队精神作为招聘员工的重要标准。一个缺乏团队意识，不懂得互助和协作的人，即使有着超强的能力，也难以在工作中更好地发挥出自己的优势，甚至难以在职场中立足。

（五）提升行动力

思考是一种能力，行动也是一种能力，大学生应做到先思考、再行动。思考能够帮助人们分析问题、确立目标，行动则是解决问题、实现目标的必要条件。成功往往取决于人们采取了多少行动，而不是想了多少。如果一个人总是找借口不行动，那么不但会浪费其宝贵的时间，还会致使其职业发展受到严重影响。因此，大学生必须提升行动力，避免陷入恶性循环之中。

（六）提升创新能力

创新能力是指个体运用知识和理论，在科学、艺术、技术和各种实践活动领域不断提供具有经济价值、社会价值、生态价值的新思想、新理论、新方法和新发明的能力。

创新能力包括创新意识、创新思维、创新技能和创新精神等方面的内容。其中，创新意识是指个体善于提出新观点、新方法来解决新问题和创造新事物的意识，它是创新思维和创新活动的基本前提；创新思维是逻辑思维、形象思维、直觉思维和灵感思维等多种思维形式的有机结合，它是创新能力的核心；创新技能是创新能力的直接体现，是创新主体在开展创新活动时所需要的实践技能，包括信息加工技能、动手操作技能、运用创新技术的技能和物化创新成果的技能等；创新精神是培养创新意识、锻炼创新思维、提高创新技能的保证，主要包括高度的责任感和敬业精神、勇于开拓的精神，以及对新事物的强烈好奇心和敢于冒险、勇于进取的品质。

大学生可以通过以下方法提升自己的创新能力。

1. 增强创新意识

创新是真正意义上的超越，是一种敢为人先的胆识。很多大学生的创新意识和创新思维会被传统思维严重束缚。因此，大学生要提高创新能力就应该从增强创新意识开始，应善于发现问题、提出问题，不拘泥于条条框框的束缚，勇于超越常规，在超越中求发展。

2. 健全知识体系

创新能力的提高是一个日积月累、循序渐进的过程。创新需要基础，如果没有基础，创新就没有可能。大学生应为提升创新能力做好基础的准备工作，其中必不可少的一项准备工作就是脚踏实地地学好专业知识，并掌握通用知识，在此基础上融会贯通，构建健全合理的知识体系。

3. 提升综合能力

创新不是一种简单的“包装”现象，它体现的是一种更高层次的能力，需要以各种基础能力作为保障。大学生要想提升自己的创新能力，就必须先提升自己的专业能力和综合素质，尤其是观察能力、分析问题和解决问题的能力、独立思考的能力和学习的能力。

4. 积极参加社会实践

创新的灵感大部分来源于现实生活，现实生活是创新的最好材料。因此，积极参加社会实践对提升大学生创新能力非常重要。

拓展阅读

聚科教人才合力　筑国家强盛之基

党的二十大报告第一次把科教兴国、人才强国、创新驱动发展三大战略放在一起集中论述，系统部署。广大青年学生应凝聚智慧和力量，为以中国式现代化全面推进中华民族伟大复兴提供源源不竭的人才支持和智力支撑。

伟大成就鼓舞人心

科技是第一生产力、人才是第一资源、创新是第一动力。回望非凡十年，伟大成就离不开教育、科技、人才的一体发展。

深秋微凉，位于上海张江的中国商飞设计研发中心内热火朝天。带着 C919 大型客机获颁型号合格证的喜悦，项目团队正全力以赴冲锋首架机交付工作。

C919 第一架机团队负责人严子焜说：“党的二十大召开前，习近平总书记会见了 C919 大型客机项目团队代表，在作报告时又提到大飞机制造，我和团队成员更加深切地感受到创新之重大、使命之光荣。”

厚积薄发，展翅翱翔。10 年来，我国全社会研发经费支出从 1.03 万亿元增长到 2.79 万亿元，其中基础研究经费从 499 亿元增加到 1 817 亿元。

“研究条件越来越好，同学、老师成果越来越多。”中国科学技术大学物理化学专业博士研究生赵路远说。他还亮出自己正在参与研究的机器化学家项目，说：“我们为我国进入创新型国家行列贡献了自己的力量，我们很自豪!”

创新驱动擘画未来

立足新时代新征程党的历史使命，党的二十大报告突出创新在我国现代化建设全局中的核心地位，对教育、科技、人才统筹部署。

首批全国高校黄大年式教师团队负责人、中国工程院院士张远航对党的二十大报告集中部署科教兴国、人才强国、创新驱动发展三大战略印象深刻，他说：“作为全面建设社会主义现代化国家的基础性、战略性支撑，这三大战略愈发体现出我们党在推进中国式现代化进程中日臻成熟的全局视野与系统观念。”

厚植沃土，蓬勃而出。从党的十八大到二十大，党中央关于教育、科技、人才的深刻思考和战略部署一脉相承，对培养创新型人才影响深远。

作为“两弹一星”元勋钱学森的母校，北京师范大学附属中学近年来通过一系列课程改革，求解“钱学森之问”的时代课题。校长王莉萍说：“民族复兴的伟大事业呼唤创新人才的涌现。在基础教育阶段，要以教育改革为创新人才培养开路，注重实践、锻炼创造性思维、培养创造性人格，加强全人格教育，让学生的思考力、判断力、表达力、观察力等得到全面发展。”

“新的部署是一项伟大工程。”三大战略的有序贯通令中国工程院院士、哈尔滨工业大学超精密光电仪器工程研究所教授谭久彬倍感振奋，“高校教师和科技工作者要始终以国家重大需求为导向，深入理解教育、科技、人才三者之间的逻辑内涵，以学科交叉、技术融合为创新途径，提高人才自主培养质量，为中国式现代化打下更加坚实的基础。”

梦想感召砥砺奋进

磁子在反应瓶中高速旋转，通风橱传来阵阵嗡鸣……时至深夜，南开大学元素有机化学国家重点实验室依然灯火通明，一群身着白衣的科研人员还在加速攻关。

“科技创新没有终点。”实验室主任崔春明说，“当今时代，实现高水平科技自立自强的重要性不言而喻。我们要以党的二十大精神为指引，以国家战略需求为导向，积聚力量进行原创性引领性科技攻关，力争在原始创新和自主创新上推出更多成果。”

广州市技师学院的国家级技能大师工作室内，几名学生正在高级实习指导教师黄枫杰的带领下进行操作。“二十大报告强调要‘实施更加积极、更加开放、更加有效的人才政策’，我们普通工人也要成为国家栋梁、实现人生出彩。”这位曾代表中国首次出战世界技能大赛原型制作项目的全国青联委员说，“我要在今后的工作中传承弘扬劳模精神、劳动精神、工匠精神，继续培养和带动勤学苦练、深入钻研的技能人才，不断为中国制造、中国创造贡献智慧力量。”

坚持尊重劳动、尊重知识、尊重人才、尊重创造，党的二十大报告对人才强国战略的表述，令中国文联理论研究室副主任胡一峰倍感鼓舞：“我们要继续深入基层、扎根人民，聚焦时代前沿，感知社会脉动，用丰富生动的艺术形式记录奔涌向前的时代、日新月异的创造，用昂扬自信的文化气象为创新营造良好氛围和广阔舞台。”

“国家的希望在青年，民族的未来在青年。”人大附中航天城学校校长周建华深感责任重大，“教育是科技、人才、创新的起点。我们要牢记总书记的嘱托，坚持把立德树人作为中心环节，不断创新教育理念和方式，加快建设十二年一贯制的高质量教育体系，努力培养堪当民族复兴重任的时代新人。”

志存高远，脚踏实地。今天活跃在菁菁校园中的青年一代，正是中华民族为实现伟大复兴接续奋斗的关键一棒。“在实现中华民族伟大复兴的时代洪流中踔厉奋发、勇毅前行，是我们这一代人的机遇与使命。”兰州大学管理学院博士研究生郭娟梅对未来信心满怀，“我们一定要坚定不移听党话、跟党走，更加认真地钻研科学知识，提高专业能力，扎根西部、建功基层，让青春之花在全面建设社会主义现代化国家的壮阔征程上绚丽绽放。”

（资料来源：中国政府网，有改动）

实战演练

一、情绪管理能力提升训练

（一）交流与讨论

（1）学生分组。每5～8人为一组，各组选出一名成员担任本组的组长。

（2）各组长组织本组成员轮流说说自己在哪些情景下产生过愤怒、恐惧、焦虑、抑郁、沮丧等不良情绪，并简单描述一下自己当时的感受。

（3）组内讨论以下问题：产生不良情绪时可以采取哪些方法进行自我调节？当其他人产生不良情绪时，可以采用什么样的方法帮助他们？

（二）情绪管理体验

（1）全班学生每 5 人为一组，各组成员模拟在不同的情景（如“演讲时”“会客时”“考试成绩不理想时”“与他人发生争执时”等）下如何进行情绪管理。

（2）分组讨论以下问题：经过管理后的情绪和管理前的情绪有什么区别？最难控制的情绪是什么？你对做好情绪管理有哪些感想？

二、我的时间管理现状

请学生自制带有刻度的纸条，如图 4-1 所示。

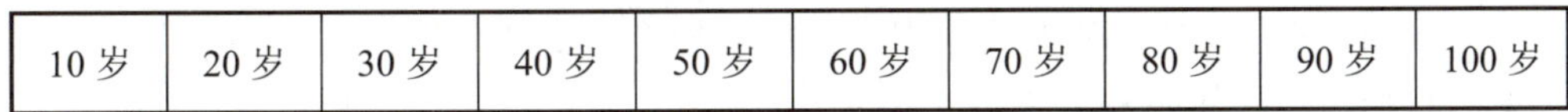

10 岁	20 岁	30 岁	40 岁	50 岁	60 岁	70 岁	80 岁	90 岁	100 岁

图 4-1　带有刻度的纸条

假设纸条上的数字对应 10～100 岁的年龄，请按以下步骤玩撕纸游戏。

（1）你现在多少岁？

请在当前年龄对应的位置画线，并撕掉已经流逝的时间所对应的区域，然后思考在过去的时间里，自己经历过的最重要的事，用一个词语将其概括出来，并写在被撕掉的纸条上面，最后和同学分享这段生命刻度里的词语。

（2）你觉得自己能活到多少岁？

预测自己生命结束的时间，在生命刻度上画线，撕掉生命终止刻度线之后的区域，预想自己的“墓志铭”，将其写在被撕掉的纸条上，并和同学分享自己的“墓志铭”。

（3）你是如何分配一天中的 24 小时的？

一般情况下，在一天内，一个人的睡觉时间占 1/3，吃饭、休息、聊天、发呆、看电视、上网等休闲时间占 1/3，学习、工作的时间占 1/3。请将剩余部分的纸条分成 3 等分，撕掉其中的 2/3，最后留在手里的是自己可以把握和奋斗的时间。

（4）你现在有何感想？请与同学交流感想。

（5）请认真思考自己对未来的规划，并根据规划为自己制订一个时间管理表，以便自己合理、高效地利用时间，顺利地达成人生各阶段的规划目标。

（6）请你结合此次活动体验思考问题：如何管理自己的时间？怎样才能更好地把握时间？

三、人际交往能力提升训练

（一）沟通能力测试

请你完成下面的沟通能力测试，了解自己处理人际关系的能力及需要改进的地方。

请你在下列每道题给出的 4 个选项中选择一项，填在后面的括号中。

（1）在说明自己的重要观点时，别人却不想听你说，你会（　　）。

A．马上气愤地走开

B．不说了，但你可能会很生气

C．等等看还有没有说的机会

D．仔细分析对方不听的原因，找机会换个方式去说

（2）去与一个重要的客人见面，你会（　　）。

A．像平时一样随便穿着

B．只要穿得不太糟就可以了

C．换一件自己认为很合适的衣服

D．精心打扮一下

（3）与不同身份的人讲话，你会（　　）。

A．与身份低的人说话，你总是漫不经心

B．与身份高的人说话，你总是有点紧张

C．在不同的场合，你会用不同的态度与人讲话

D．不管什么场合，你都是以一样的态度与人讲话

（4）在与人沟通前，你认为比较重要的是应该了解对方的（　　）。

A．经济状况、社会地位

B．个人修养、能力水平

C．个人习惯、家庭背景

D．价值观念、心理特征

（5）去参加老同学的婚礼回来，你很高兴，而你的朋友对婚礼的情况很感兴趣，向你询问，这时你会（　　）。

A．详细叙述从你进门到离开时所看到和感觉到的事及相关细节

B．说些自己认为重要的

C．朋友问什么就答什么

D．感觉很累了，没什么好说的

（6）你正在主持一个重要的会议，而你的一个下属却在玩他的手机并有声音干扰会议现场，这时你会（　　）。

A．幽默地劝告下属不要玩手机

B．严厉地叫下属不要玩手机

C．装着没看见，任其发展

D．给那位下属难堪，让其下不了台

（7）你正在跟老板汇报工作时，你的助理急匆匆跑过来说有你一个重要客户的长途电话，这时你会（　　）。

A．说你在开会，稍后再回电话

B．向老板请示后，去接电话

C．说你不在，叫助理问对方有什么事

D．不向老板请示，直接跑去接电话

（8）你的一位下属已经连续两天下午请了事假，第 3 天上午快下班的时候，他又拿着请假条过来说下午要请事假，这时你会（　　）。

A．详细询问对方因何要请假，视原因而定是否批假

B．告诉他今天下午有一个重要的会议，不能请假

C．很生气，但什么都不说就批准他的请假

D．很生气，不理会他，不批假

（9）你刚应聘到一家公司就任部门经理，上班不久，你了解到本来公司中有几个同事想谋求你的职位，老板不同意，才招聘了你。对这几位同事，你会（　　）。

A．主动认识他们，了解他们的长处，争取成为朋友

B．不理会这个问题，努力做好自己的工作

C．暗中打听他们，了解他们是否具有与你竞争的实力

D．暗中打听他们，并找机会为难他们

（10）在听别人讲话时，你总是会（　　）。

A．对别人的讲话表示兴趣，记住所讲的要点

B．请对方说出问题的重点

C．对方老是讲些没必要的话时，你会立即打断他

D．对方所讲不知所云时，你就很烦躁，就去走神或做别的事

评分办法：1～4 题，选 A 得 1 分、B 得 2 分、C 得 3 分、D 得 4 分；其余各题，选 A 得 4 分、B 得 3 分、C 得 2 分、D 得 1 分；将 10 道检测题的得分相加，就是你的总分。

结果分析：

（1）总分为 20 分以下，说明你的职场沟通能力较差，必须加强这方面的学习。但

是，只要学会控制自己的情绪，改掉一些不良习惯，你仍能获得他人的理解和支持。

（2）总分为 21～30 分，说明你的职场沟通能力一般，你懂得尊重他人，有一定的自控能力和表达能力，并能实现一定的沟通效果。但是，你缺乏高超的沟通技巧和积极的主动性。因此，你仍需要继续学习和锻炼，不断提高自己。

（3）总分为 31～40 分，说明你的职场沟通能力很强。你很稳重，能很好地控制自己的情绪，能从容明白地表达自己，有很高的沟通技巧和人际交往能力。

（二）职场人际关系模拟训练

（1）分组。全班同学分成若干小组，每组 3～5 人。

（2）每个小组选择下列职场情景中的一个进行模拟表演，着重练习与同事进行沟通的技能。

场景 1: 小新是办公室里出了名的“多项全能”员工，搜集素材、整理报表、制作 PPT、修理电脑等工作样样在行。单位同事需要帮助时，她总是全力帮助。久而久之，小新成了办公室里最受欢迎的“贴心好帮手”。然而，帮同事解决问题耗费了不少时间，小新经常加班到很晚。一天，快下班时，一位同事请小新帮忙整理一份报表，但是小新正在整理另一份报表，而且已经和朋友约好了下班后一起吃饭。此时，小新该如何拒绝这位同事呢？

场景 2: 小方是某公司的客服人员，主要职责是配合销售部与市场部开展工作。一次，市场部策划了一个大型节日让利活动。活动开始后，销售部反馈客户对此次活动不感兴趣，并未像市场部预期的那样积极购买商品，一些老客户甚至还明确表示拒绝购买。在总结活动失败的原因时，市场部和销售部都把责任归咎于小方。市场部认为小方没有做好传达活动精神的工作，销售部认为小方在替市场部向他们施压。此时，小方该怎样向领导汇报工作呢？

（3）每个小组模拟表演结束后，其他小组对其表演进行评价，并谈谈自己通过活动获得的启发。

四、培养团队意识

（一）“无敌风火轮”游戏

活动目的：培养组员团结一致、密切合作的精神，增进组员之间的相互信任和理解。

活动类型：团队协作竞技型。

道具要求：报纸和胶带若干。

场地要求：空旷的大场地。

活动时间：10 分钟左右。

活动规则：每 10～15 人为一组，各组利用报纸和胶带制作一个可以让全体组员站进去的封闭式大圆环（见图 4-2）；各组成员将圆环立起来，站到圆环内侧，边走边滚动大圆环，圆环裂开即失败。

图 4-2　封闭式大圆环

（二）“齐眉棍”游戏

活动目的：锻炼组员在工作中相互配合、相互协作的能力。

活动类型：团队协作型。

道具要求：2～3 米长的轻质塑料棍。

场地要求：开阔的大场地。

活动时间：30 分钟左右。

活动规则：每 10 人为一组，每组分为两队，两队成员相向站立，将双手举到自己眉头的位置；各组组员将轻质塑料棍放在自己的双手上，确保每双手都在轻质塑料棍下方且都能接触到塑料棍，然后一起平托着塑料棍（见图 4-3）往下移动，组员中任何一人的手离开塑料棍，任务就算失败。

图 4-3　平托着塑料棍

就业指导篇

项目五

审时度势，把握机遇
——就业形势与政策

学习目标

知识目标

- 了解大学生面临的就业形势。
- 熟悉大学生就业的国家政策、地方政策和优惠政策。
- 了解大学生就业难的主观因素。

能力目标

- 能够通过多种途径获取就业政策和相关信息。
- 能够认清就业形势，把握就业政策，并结合自身情况客观地分析利弊。

素质目标

- 增强审时度势的意识，树立正确的就业观念。
- 感受国家及各级地方政府对高校毕业生就业的大力支持，增强制度自信。
- 通过对就业帮扶政策及近些年大学生就业状况的分析，树立就业信心。

引导案例——到国家需要的地方去

文东是同济大学 2021 届日语语言文学专业的研究生，曾获同济大学学生最高荣誉“追求卓越学生奖”。研究生毕业后，他选择回到家乡贵州成为一名选调生。追问文东为什么会这样选择，文东表示，那些赴西部的公益之行在他身上打下了深深的烙印。

两次前往贵州支教，为贫困家庭孩子募集捐款，解决乡村学校饮水困难，为少数民族原生态文化保护提供政策建议……这些经历让本就出生于大山的文东对广袤的西部和那里的人们感情更加浓烈。

本科毕业时，文东在“大学生志愿服务西部计划报名表”上，郑重地写下了自己的名字，入选了国家“西部计划”志愿者，赴云南省大理州云龙县，在团结乡团结中学支教一年。少数民族山区学生的语言基础普遍薄弱。文东起早贪黑，用心钻研，不断寻找适合当地孩子们的教学方法。辛勤付出终于迎来收获，文东所教班级的语文成绩明显提升，名列全县前茅。文东还代表学校参加了全县语文课堂教学比赛，获得第二名。

研究生毕业时，文东不断叩问自己的内心，最终遵从初心，选择回到家乡做一名基层选调生。“只要能在这个时代为国家发展出一份力，有哪里不能去的呢？说到底，与其说是乡村需要我们，不如说是我们需要乡村。”文东说。

从大山中走出来，又回到大山，这是文东给自己、给家乡、给国家的答卷。

（资料来源：中华人民共和国教育部官网，有改动）

如今，教育系统已经把引导毕业生面向基层就业作为工作重点。教育部会同有关部门积极组织实施农村义务教育阶段学校教师特设岗位计划，配合中央有关部门实施“三支一扶”计划、“西部计划”等高校毕业生基层服务项目，积极引导鼓励高校毕业生到基层就业创业。各高校也在加大基层就业教育引导和保障。到基层去，到西部去，到祖国最需要的地方去，这不仅是我国缓解高校毕业生就业结构性矛盾的应对之举，而且是青年大学生将个人理想同国家和社会需求结合起来的时代选择。

探索一　了解大学生就业形势

一、大学生面临的就业形势

近年来，我国普通高校毕业生人数逐年递增。根据教育部的数据，2020 年，全国普通高校毕业生人数达到 874 万人，同比增加 40 万人；2021 年，全国普通高校毕业生人数达到 909 万人，同比增加 35 万人；2022 年，全国普通高校毕业生人数达到 1 076 万人，同比增加 167 万人，这也是我国年度普通高校毕业生人数首次突破千万大关。

就业形式严峻，该如何破局？

由于高校毕业生数量逐年增加，大学生的就业形势日趋严峻。总的来说，大学生面临的就业形势呈现出以下特点。

（一）大学毕业生由“精英”走向“大众”

随着高等教育进入大众化时代，大学生不再是“天之骄子”，不再是稀缺资源，他们和社会上其他就业人员一样，不再具有明显优势。大学生就业问题逐步成为一个社会问题。

（二）大学生就业市场由卖方市场变为买方市场

随着大学毕业生人数的增加和我国经济的转型，大学毕业生与社会需求之间的“供需天平”发生了变化。在就业市场中，大学毕业生处于劣势地位，用人单位处于优势地位。与此同时，我国正处于全国性的就业高峰期，留学回国人员、再就业人员、城乡富余劳动力等多路劳动力大军同时汇入劳动力市场，劳动力供求总量严重失衡，大学毕业生的就业空间受到挤压，这使得大学毕业生的就业问题更加突出。

（三）大学毕业生的初次就业率相对稳定

在国家就业政策的支持下，大学毕业生的初次就业率总体呈现出逐步提升的趋势，显示了就业形势的总体稳定性。但是，由于大学毕业生的基数庞大，就业率的百分之一就能达到“万人”的级别，这就意味着仍有相当一部分大学生无法顺利就业。例如，以 2020 年的 874 万大学毕业生为基数进行计算，百分之一的大学毕业生未就业，就意味着有 8.74 万大学毕业生待业。

（四）大学毕业生就业的结构性问题突出

大学毕业生就业的结构性问题主要表现在两个方面。

一是就业地域的结构性问题。尽管近年来国家推出了一系列鼓励大学毕业生到西部、到基层就业的政策，但受区域经济发展的限制，以及人力资源、分配制度等方面的影响，到东部地区就业的大学毕业生比例仍远高于西部地区。

二是专业分布的结构性问题。很多大学生在选择专业时，往往热衷于高薪行业的相关专业，同时，一些高校纷纷开设热门专业，这就导致相关热门专业的毕业生数量增多，使得热门专业的人才供大于求。此外，随着产业结构的调整，很多过去的热门行业如今变成了冷门行业，而一些过去的冷门行业反而成为热门行业。与此同时，一些新的行业也在不断出现，而高校专业设置和人才培养方向的调整却滞后于社会产业结构的调整，因此很多用人单位虚位以待，却招不到想要的人才。

（五）新政策对部分行业的发展产生影响

宏观政策的出台与调整对相关行业内企业的经营活动影响巨大。由此引发的企业招聘需求与标准的变化，会使大学生就业面临诸多不确定性因素，从而导致就业难度增大。例如，2022 年，为了减轻学生作业负担和校外培训负担，国家大力整治和规范了校外学科培训行业，这对师范类大学毕业生的就业产生了一定的影响。对于这种国家宏观政策的调整对相关行业人才需求的影响，大学毕业生要理性看待。

拓展阅读

我国高等教育进入普及化阶段

教育部相关数据表明，全国拥有大学文化程度的人口超过 2.18 亿，比 10 年前大幅增长，每 10 万人中拥有大学文化程度的由 8 930 人上升为 15 467 人；新增劳动力平均受教育年限达 13.8 年，劳动力素质结构发生重大变化，全民族素质稳步提高。

教育部相关负责人表示，10 年来，我国高等教育与时代同行，取得历史性成就，发生格局性变化，在育人方式、办学模式、管理体制、保障机制等方面不断创新，为建设世界重要人才中心和创新高地提供了有力支撑。

我国已建成世界最大规模的高等教育体系

教育部发布的数据显示，我国已建成世界最大规模高等教育体系，在学总人数超过 4 430 万人，高等教育毛入学率从 2012 年的 30%，提高至 2021 年的 57.8%，实现了历史性跨越，高等教育进入世界公认的普及化阶段。其中，我国普通本科学校校均规模 16 366 人，本科层次职业学校校均规模 18 403 人，高职（专科）学校校均规模

9 470 人。

我国高等教育整体水平进入世界第一方阵

党的十八大以来，高校科技创新能力不断提升。近年来，我国高校获得了 60%以上的国家科技奖励，承担了 80%以上的国家自然科学基金项目，是国家创新体系的重要力量。

教育部相关负责人表示，中国的高等教育开始了内涵式高质量发展，高等教育的学科专业与课程结构等得到进一步的调整与优化，高等学校的办学水平与人才培养质量不断提高，高等教育整体的国际竞争力持续增强。通过“双一流”建设计划，一批大学和一大批学科已经跻身世界先进水平，整体水平进入世界第一方阵。

同时，高等教育培养质量也不断提升。10 年来，以一流专业和一流课程建设“双万计划”为牵引，我国共认定 11 761 个国家级、11 439 个省级一流专业建设点，遴选认定首批 5 116 门国家级一流本科课程；全面启动基础学科拔尖计划 2.0，在 77 所高校布局建设 288 个学生培养基地，探索基础学科拔尖人才培养“中国范式”，累计吸引 1 万余名优秀学生投身基础学科，形成了基础学科拔尖人才的“梯队网络”。

我国高等教育形成了慕课（一般指大型开放式网络课程）与在线教育发展的中国范式。截至 2022 年 2 月底，我国上线慕课数量超过 5.25 万门，注册用户达 3.7 亿，已有超过 3.3 亿人次在校大学生获得慕课学分，慕课数量和应用规模世界第一。

我国人口红利逐步向人才红利转变

据介绍，近 10 年来，全国高校共增设 1.7 万个本科专业点，撤销和停招了近 1 万个专业点，提升高校人才培养与经济社会发展的适应度和匹配度。目前，本科专业达 771 种、6.2 万个专业布点。

为了服务国家战略需求，高校增设了储能科学与工程、人工智能、生物育种科学等新专业；服务民生建设急需，新增老年学、养老服务管理等新专业，并扩大了预防医学、护理学、家政学等专业布点规模。为了加快培养急需紧缺人才，不断完善高质量人才培养体系，我国高校新工科、新农科、新医科、新文科建设持续深化，人才培养组织模式持续创新，一批未来技术学院、现代产业学院等加快建设。

同时，我国高校的创新创业教育领跑世界，成功举办 7 届中国国际“互联网+”大学生创新创业大赛，累计吸引 5 大洲 120 多个国家和地区的 2 533 万名大学生参赛，大赛累计直接创造就业岗位数 75 万个，间接提供就业岗位 516 万个。

随着我国高等教育规模大起来、实力强起来，我国人口素质不断提高，人口红利逐步向人才红利转变。

（资料来源：中华人民共和国教育部官网，有改动）

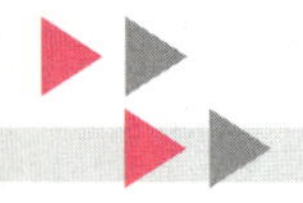

二、大学生就业难的主观原因

高校毕业生的就业行为是一种社会行为，关系到大学生人生社会价值的实现、家庭教育投资的收益，也关系到高等教育的可持续发展，关系到社会发展的方方面面，吸引着政府、社会、学校、家庭、个人等多方的视线。当前大学生就业难的原因既有来自社会环境、学校教育的客观原因，又有来自大学生个体的主观原因。具体来说，大学生就业难的主观原因包括以下几点。

（一）缺乏学习的主观能动性

有关调查显示，20 世纪 50 年代，大学生在学校所学的知识能用 30 年；20 世纪 90 年代，大学生在学校所学的知识能用 10 年；而到了 21 世纪，有些专业的大学生在学校所学的知识很容易在较短时间内就被新知识替代。然而，不少大学生没有清楚地认识当前的就业形势，不能紧跟时代步伐，缺乏拓宽知识面的主观能动性，没有采取积极措施（如网络课程学习、技能培训、顶岗实习和社会实践等）及时更新知识面并提升自身能力，以致在就业过程中频频受阻。

（二）过分强调专业对口

有些大学生对自己所学的专业情有独钟，在求职时过分地强调专业对口，使得自身择业范围受到限制。若所从事的职业与专业不对口，他们就觉得不理想、不踏实，缺乏工作动力。

（三）存在就业心理误区

部分大学生在求职的过程中存在着就业心理误区，通常表现在以下几个方面。

（1）心理承受能力较弱。部分心理承受能力较弱的大学生缺乏参与求职竞争的信心和勇气，一旦求职失败，他们往往会意志消沉，产生自卑、抱怨、烦躁、忧愁等情绪，而不是寻找各种办法克服困难和提高自身的求职能力。

（2）内心迷茫，产生从众心理。部分大学生在面临择业就业时，内心非常迷茫，他们没有清晰具体的目标，不知道自己的职业定位，也不清楚自己可以胜任哪些工作。加之缺乏决策能力与经验，他们易忽视个体差异性与主观能动性，形成从众心理，做出不切合实际的选择，错失最能发挥自己潜能的机会。

（3）择业期望值过高。一直以来，择业期望值过高都是影响大学毕业生顺利就业的一个重要因素。不少大学生在就业过程中自我定位不准、择业期望值过高，只把党政机关、事业单位、国有企业、外资企业等作为理想的就业单位，完全不考虑到基层、私营企业施展才干；强调自身价值而忽视市场需求，一味地追求个人利益，缺少艰苦奋斗的精神和强烈的责任感；在求职过程中常常“这山望着那山高”，以致陷入高不成、低不就的尴尬局面。

案例精选

期望值过高致难就业

小陈是某高校国际贸易专业的学生。临近毕业，小陈参加了学校组织的供需见面会，大会现场的一家企业认为小陈的专业与招聘职位对口，且此职位的工作地点刚好在小陈的家乡（某县城），于是想要录用她。然而，小陈得知将来自己需要回老家工作，便拒绝了这家企业的邀请。之后，小陈向自己心仪的几家企业（均位于大城市）投递了简历，却没有得到面试机会。直到毕业，小陈都没有找到合适的工作。

小陈的择业过程具有一定的代表性。不少毕业生对就业形势缺乏了解，过于向往经济发达地区，却忽视了这些地方人才济济、竞争激烈的一面，不愿意降低择业期望值，从而导致自己在就业过程中不断受挫。因此，大学生应摆正心态，正确分析当前的就业形势，确定符合自身实际情况的就业目标。

探索二　了解大学生就业政策

随着大学毕业生人数的不断增加，我国现阶段的就业形势依然比较严峻。针对这一问题，国家颁布了一系列就业政策，旨在为广大毕业生提供更多的就业机会，缓解就业压力。

一、国家和地方的就业政策

（一）国家政策

1．连续性政策

为了健全就业促进机制，推动就业工作提质增效，促进高校毕业生就业，国家每年都会发布各类促进大学生就业的政策文件，大学生可以通过这些文件了解国家的就业政策导向。以教育部 2022 年 11 月发布的《关于做好 2023 届全国普通高校毕业生就业创业工作的通知》为例，大学生通过这份文件可以了解到以下就业政策。

（1）更大力度开拓市场化社会化就业渠道。教育部将进一步优化升级国家大学生就业服务平台的功能和服务，高校毕业生可以注册使用平台，及时获得就业信息。各高校要深入开展全国高校书记校长访企拓岗促就业专项行动；积极举办线下校园招聘活动，开展小而精、专而优的小型专场招聘活动；开展民营企业招聘高校毕业生专项行动，精准汇集推送岗位需求信息；积极鼓励和支持高校毕业生自主创业，在资金、场地等方面向高校毕业生创业者倾斜，并推动中国国际“互联网+”大学生创新创业大赛等大学生创业项目转化落地。

（2）充分发挥政策性岗位吸纳作用。各地教育部门要配合有关部门统筹好政策性岗位招录时间安排，尽早安排高校升学考试、公务员和事业单位、国企等政策性岗位招考及各类职业资格考试；积极配合有关部门挖掘基层医疗卫生、养老服务、社会工作、司法辅助、科研助理等就业机会，组织实施好“特岗计划”“三支一扶”“大学生志愿服务西部计划”（以下简称“西部计划”）等基层就业项目，拓展“城乡社区专项计划”，鼓励扩大地方基层项目规模，引导更多毕业生到中西部地区、东北地区、艰苦边远地区和基层一线就业创业；健全支持激励体系，落实好学费补偿贷款代偿、考研加分等优惠政策。各高校要积极配合做好大学生征兵工作，各地教育部门要研究制定细化方案和实施办法，落实好退役普通高职（专科）士兵免试参加普通专升本招生、退役大学生士兵专项硕士研究生招生计划等优惠政策。

报考“三支一扶”的优势

（3）建设高质量就业指导服务体系。各高校要健全完善分阶段、全覆盖的大学生生涯规划与就业指导体系，为学生提供个性化就业指导和服务；要把就业教育和就业引导作为“三全育人”的重要内容，深入开展就业育人主题教育，积极引导高校毕业生到祖国需要的地方建功立业；要切实维护高校毕业生的就业权益，并配合有关部门畅通投诉举报渠道，对于存在就业歧视、招聘欺诈、“培训贷”等问题的用人单位，要纳入招聘“黑名单”并及时向高校毕业生发布警示提醒；加强就业安全教育，督促用人单位与高校毕业生签订劳动（聘用）合同或就业协议书，帮助和支持毕业生防范求职风险，维护就业权益；积极配合有关部门推进毕业生就业体检结果互认。

（4）精准开展重点群体就业帮扶。针对有困难的高校毕业生，各高校要建立帮扶工作台账，按照“一人一档”“一人一策”精准开展就业帮扶工作。各地各高校还要继续组织实施“中央专项彩票公益金宏志助航计划——全国高校毕业生就业能力培训项目”，开展线上线下就业能力培训，提升高校毕业生就业竞争力。

（5）简化优化求职就业手续。从 2023 年起，就业报到证将不再作为办理高校毕业生招聘录用、落户、档案接收转递等手续的必需材料。各高校要统筹部署、精心安排，指导高校毕业生（含结业生）按规定及时完成毕业去向登记。实行定向招生就业办法的高校毕

业生，各省级教育部门和高校要指导其严格按照定向协议就业并登记去向信息。教育部有关单位根据有关部门需要和毕业生本人授权，统一提供毕业生离校时相应去向登记信息查询核验服务。

（6）完善就业与招生培养联动机制。各地各高校要建立完善就业与招生、培养联动的有效机制，把高校毕业生就业状况作为高等教育结构调整的重要内容，引导高校重点布局社会需求强、就业前景广、人才缺口大的学科专业。

（7）加强组织领导。各高校要配齐配强就业指导人员，鼓励就业指导人员按要求参加相关职称评审；组织开展毕业班辅导员、就业工作人员全员培训，加大资源供给和培训保障力度。各地各高校要多渠道、全方位宣传国家就业创业政策，营造全社会关心支持毕业生就业的良好氛围。

2. 阶段性政策

除了发布连续性政策文件以外，国家还会发布一些阶段性政策文件指导就业工作。例如，2022 年国务院办公厅发布了《关于进一步做好高校毕业生等青年就业创业工作的通知》，此通知提出了多渠道开发就业岗位、强化不断线就业服务、简化优化求职就业手续、着力加强青年就业帮扶、压紧压实工作责任等多项具体的就业措施，千方百计地保障大学生就业；民政部、教育部、财政部、人力资源和社会保障部为贯彻落实国务院办公厅发布的《关于进一步做好高校毕业生等青年就业创业工作的通知》，于 2022 年 6 月 7 日发布了《关于做好 2022 年普通高校毕业生到城乡社区就业工作的通知》。该通知明确了做好 2022 年高校毕业生到城乡社区就业工作的总体要求、重点任务和工作要求，为拓展城乡社区就业空间，引导高校毕业生到城乡社区就业创业提供了政策指南。

为了让大学生更好地就业创业，政府出台的阶段性政策还有很多，大学生可以在政府网站上关注这些政策信息，及时了解国家的就业政策导向。

砥节砺行

就业是最基本的民生。党的二十大报告指出，我国要“强化就业优先政策，健全就业促进机制，促进高质量充分就业”。高校毕业生是宝贵的人才资源，是社会就业群体中最具活力和最具创造力的群体，促进高校毕业生就业已经成为我国落实就业优先政策的重中之重。我国政府和各个高校因势利导，在方式方法上不断创新，不断推动就业指导服务工作提质升级，更好地服务大学毕业生就业创业。

（二）地方政策

在国家相关就业政策的基础上，地方各级人民政府会制定一些区域性的细化政策或补

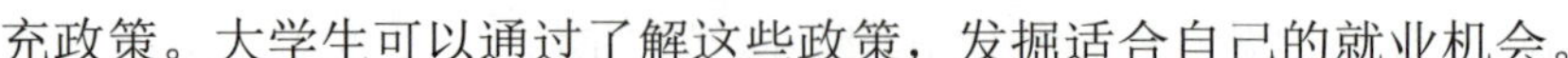

充政策。大学生可以通过了解这些政策，发掘适合自己的就业机会。

例如，四川省于 2022 年 12 月印发了《四川省“十四五”高新技术产业发展规划（2021—2025 年）》。该规划提出，四川省未来几年产业发展的重点是电子信息、航空航天、装备制造、先进材料、绿色低碳、生物医药、资源环保、科技服务、技改升级、数字经济 10 个领域，提出 46 个优先发展方向，提出基础研究能力提升、关键核心技术攻关、企业创新主体培育、军民科技协同创新、制造强省科技支撑、科技创新平台建设、创新人才队伍培育等 7 大重点任务，这就为相关专业的毕业生提供了就业机会；四川省人民政府印发《进一步稳定和扩大就业十五条政策措施》，从保市场主体稳定就业、推动经济社会发展扩大就业、创新创业带动就业、稳定重点群体就业、优化就业培训和服务等 5 个方面提出了 15 条具体举措，为毕业生就业提供了政策支持。

拓展阅读

党的二十大报告首次写入“平等就业”

党的二十大报告指出，我国要实施就业优先策略，“统筹城乡就业政策体系，破除妨碍劳动力、人才流动的体制和政策弊端，消除影响平等就业的不合理限制和就业歧视，使人人都有通过勤奋劳动实现自身发展的机会”。这对于促进平等就业有重大意义。

（一）营造公平就业环境是中国式现代化的本质要求

党的二十大报告提出，中国式现代化是全体人民共同富裕的现代化。就业是最基本的民生，是劳动者获取收入、创造美好生活的基本途径。营造公平就业环境，破解城乡二元结构、统筹城乡充分就业有助于推进公共就业服务均等化，对于促进农村劳动力就业增收、打造新型城镇化、助力乡村振兴、实现共同富裕意义重大。

（二）创造公平就业机会是以人民为中心的重要体现

满足人民群众对美好生活的向往、增进人民福祉、让广大人民群众共享改革发展成果是一切工作的根本出发点和落脚点。党的二十大报告提出“使人人都有通过勤奋劳动实现自身发展的机会”，充分体现了以人民为中心的发展思想。实现就业机会公平是实现分配制度公平的重要基础。鼓励勤劳创新致富，为所有人创造公平的就业机会，让每个人都享有出彩的人生。

（三）保障平等就业权利是高质量充分就业的重要内容

党的二十大报告中“公平”一词出现了多次，特别强调要“消除影响平等就业的不合理限制和就业歧视”。这是“平等就业”和“就业歧视”首次出现在党的全国代表大会报告中，通过将反就业歧视上升到党治国理政的层面，充分表明了我国政府对

公平就业的高度重视，也充分彰显了我国推进落实高质量充分就业的力度和决心。切实保障平等就业权利，不断畅通上升渠道，持续拓宽发展空间，是推动实现高质量充分就业的重要内容。

（资料来源：上观新闻网，有改动）

二、大学生就业优惠政策

（一）大学毕业生基层就业项目及其优惠政策

近年来，中央各有关部门组织实施了5个引导大学毕业生到基层就业的专门项目，这些项目包括团中央、教育部、财政部、人力资源和社会保障部4个部门组织实施的“西部计划”；中组部（即中国共产党中央委员会组织部）、人力资源和社会保障部、教育部等8个部门组织实施的“三支一扶”计划；教育部、财政部、人力资源和社会保障部、中央机构编制委员会办公室 4 个部门组织实施的“农村义务教育阶段学校教师特设岗位计划”；中组部、教育部、财政部、人力资源和社会保障部等部门组织实施的“选聘高校毕业生到村任职工作”；农业农村部、人力资源和社会保障部、教育部等部门组织实施的“农业技术推广服务特设岗位计划”。

根据中组部、人力资源和社会保障部、教育部、财政部、共青团中央《关于统筹实施引导高校毕业生到农村基层服务项目工作的通知》等政策规定，参加中央部门组织实施的农村基层服务项目（以下简称“各专门项目”）且服务期满的大学毕业生，可以享受以下优惠政策。

（1）公务员招录优惠政策。县及乡镇机关要拿出一定职位，专门招考到村任职等专门项目的大学生。各专门项目毕业生服务期满考核合格后，同等享受各省、自治区、直辖市地（市）级以上党政机关录用公务员优惠政策。

扫一扫

报考公务员的基本条件

（2）事业单位招聘优惠政策。到乡镇事业单位服务的高校毕业生服务满 1 年后，在现岗位空缺的情况下，经考核合格后，即可与所在单位签订不少于3年的聘用合同。同时，各省（区、市）县及县以上相关的事业单位公开招聘工作人员，应拿出不低于40%的比例，聘用各专门项目服务期满考核合格的大学毕业生。

（3）考学升学优惠政策。到农村基层服务 2 年以上、服务期满后 3 年内报考硕士研究生的各专门项目毕业生，其初试总分加 10 分，同等条件下优先录取。

（4）自主择业和自主创业优惠政策。各专门项目服务期满考核合格的毕业生自主择业和自主创业的，可享受国务院办公厅于 2009 年 1 月发布的《国务院办公厅关于加强普

通高等学校毕业生就业工作的通知》中所规定的各项优惠政策，并由人力资源社会保障部门所属人才服务机构和公共就业服务机构为其提供免费就业指导、就业推荐、创业指导等公共服务。

（5）其他优惠政策。各专门项目高校毕业生期满考核合格的，按规定符合相应条件的，可按规定享受相应的学费补偿和助学贷款代偿政策。各专门项目高校毕业生的工龄按照到农村基层的服务年限计算。各专门项目高校毕业生服务期满到企业就业的，按照规定转移社会保险关系。

（二）大学毕业生应征入伍优惠政策

我国现行的大学生应征入伍的方式主要有 3 种，即报名参加年度征兵（服义务兵役）、报名参加士官直招和报名参加军官直招。

大学毕业生应征入伍，除享有优先报名应征、优先体检政审、优先审批定兵、优先安排使用“四个优先”政策，家庭按规定享受军属待遇外，还享受优先选拔使用、学费补偿和国家助学贷款代偿、退役后考学升学优惠、就业服务等优惠政策。

（三）大学毕业生自主创业优惠政策

根据《国务院关于进一步做好新形势下就业创业工作的意见》（国发〔2015〕23 号）、《国务院办公厅关于深化高等学校创新创业教育改革的实施意见》（国办发〔2015〕36 号），以及财政部、国家税务总局、人力资源和社会保障部、国家乡村振兴局于 2019 年 2 月发布的《关于进一步支持和促进重点群体创业就业有关税收政策的通知》等文件规定，大学毕业生自主创业优惠政策主要包括以下内容。

1. 享受税收优惠

毕业年度内从事个体经营的大学毕业生，自办理个体工商户登记当月起，在 3 年（36 个月）内按每户每年 12 000 元为限额依次扣减其当年实际应缴纳的增值税、城市维护建设税、教育费附加、地方教育附加和个人所得税，限额标准最高可上浮 20%。

2. 创业担保贷款和贴息支持

符合条件的自主创业的大学毕业生，可在创业地按规定申请创业担保贷款，贷款额度为 10 万元。

3. 免收有关行政事业性收费

毕业 2 年以内从事个体经营（除国家限制的行业外）的大学毕业生，自其在工商部门（现为市场监督管理局）首次注册登记之日起 3 年内，免收管理类、登记类和证照类等有关行政事业性收费。

4. 享受培训补贴

在毕业学年（即从毕业前一年 7 月 1 日起的 12 个月）内参加创业培训的大学毕业生，根据其获得创业培训合格证书或就业、创业情况，按规定给予培训补贴。

5. 免费创业服务

有创业意愿的大学毕业生，可免费获得公共就业和人才服务机构提供的创业指导服务，包括政策咨询、信息服务、项目开发、风险评估、开业指导、融资服务、跟踪扶持等“一条龙”创业服务。各地在充分发挥各类创业孵化基地作用的基础上，因地制宜建设一批大学生创业孵化基地，并对基地内的大学生创业企业提供培训和指导服务。

6. 取消落户限制

取消大学毕业生落户限制，允许大学毕业生在创业地办理落户手续（直辖市按有关规定执行）。

（四）大学毕业生职业培训补贴政策

大学毕业生参加就业技能培训或创业培训时，可按规定向当地人力资源和社会保障部门申请职业培训补贴。按照《财政部、人力资源社会保障部关于进一步加强就业专项资金管理有关问题的通知》（财社〔2011〕64 号）等文件规定，申请材料经人力资源和社会保障部门审核通过后，由财政部门按规定将补贴资金直接拨付给申请者本人。

大学毕业生参加就业技能培训或创业培训后，培训合格并通过职业技能鉴定取得初级以上职业资格证书（未颁布国家职业技能标准的职业的从业者应取得专项职业能力证书或创业培训合格证书），并在 6 个月内实现就业的，财政部门按职业培训补贴标准的 100%给予补贴。6 个月内没有实现就业的，对于取得初级以上职业资格证书的大学毕业生，财政部门按职业培训补贴标准的 80%给予补贴；对于取得专项职业能力证书或创业培训合格证书的大学毕业生，财政部门按职业培训补贴标准的 60%给予补贴。

在毕业年度内通过初次职业技能鉴定并取得职业资格证书或专项职业能力证书的大学毕业生，可向职业技能鉴定机构所在地人力资源和社会保障部门申请一次性职业技能鉴定补贴。

青春赞歌——扎根西藏，做一颗高原上的石榴籽

张银波是一名参加“西部计划”的西藏专项志愿者。2015 年，他通过了西藏自治区公务员录用考试，从此扎根西藏。从内地到西藏，从一名西部计划志愿者成

长为一名在藏干部，多年来，无论在哪个工作岗位上，张银波始终初心不改，心系群众的冷暖安危，以特别能吃苦、特别能战斗、特别能忍耐、特别能团结、特别能奉献的“老西藏精神”，服务着西藏。他迎娶了山南的藏族姑娘，安家立业，像一颗石榴籽一样与各族群众紧紧抱在一起，促进了各民族的交往、交流和交融。

放弃工作，远赴西藏，唱响支教之歌

张银波从小就有到偏远地区支教的梦想。2014 年 7 月，张银波考上了云南省文山州西畴县的特岗教师。听说有到西藏参加志愿服务的机会，他毅然地放弃了工作，选择参加西部计划，到山南市加查县冷达乡小学支教。

面对亲人、朋友的不解，张银波回答：“一个人上学读书，并不是为了挣多少钱、当多大的官，而是要到祖国最需要的地方去，做一些实事。”作为云南省首批援藏志愿者，张银波进藏后铭记着肩负的责任，践行着志愿精神，用实际行动回报着社会。

支教期间，张银波发现学校师资不足，就主动请缨担任 3 年级到 6 年级的英语老师。在他的耐心指导下，学校有 13 名学生的作文入选了《锦心隽语——西藏中小学作文选》。除了做好教学工作外，张银波还十分关心学生们的生活。他每月拿出 200 元资助学习进步的学生。

2015 年 4 月，张银波先后为支教地的学生捐赠衣物 60 袋、文具用品 100 套、书籍 800 本，总价值 2 万余元。参加志愿服务期间，张银波荣获了第十一届“中国青年志愿者优秀个人奖”、云南省“就业之星”、“西藏自治区优秀志愿者”、“西藏自治区优秀作文辅导教师”等荣誉。

扎根西藏，尽职尽责，唱响奋斗之歌

出于对西藏的热爱，2015 年 8 月，张银波在结束支教工作后主动报名参加了西藏自治区公务员考试，并顺利成为山南市加查县委组织部的一名干部。为尽快融入组织部这个大家庭，他挑灯夜战，很快实现了蜕变和转型，成为单位里的“笔杆子”。在同事的眼里，张银波是有名的“工作狂”，常常“五加二”“白加黑”；在家人眼里，他永远是最忙、最累、最不知疲倦的人。张银波舍小家顾大家，对别人有一颗火热的心，对自己的父母和爱人却亏欠得太多。在妹妹的眼中，他就像一棵傲然挺立在青藏高原上的白杨树一样，把火热的青春献给了他的“第二故乡”。

热爱学习，信念坚定，唱响忠诚之歌

张银波理想信念坚定，政治素质过硬，从 2011 年入党至今，始终保持着一心向党的本色。他热爱学习，坚持每天阅读《求是》杂志、《新西藏》等党报党刊，确保第一时间知晓国家大事、国家政策。尤其是在中宣部推广“学习强国”App

以来，他积极利用早晚、午休等碎片时间阅读文章，观看视频，转发、收藏并点赞优质文章，迅速成为全市的“学习达人”。

申请驻村，深入基层，唱响为民之歌

怀着为民服务的初心，2021 年 3 月初，张银波主动向组织申请到山南市海拔 4 000 多米的浪卡子县卡热乡边据村开展驻村工作。来到边据村后，他利用 1 个月的时间对边据村 86 户群众进行了走访，并根据了解的情况绘制了边据村“民情地图”，详细标注了全村每家每户的位置、家庭情况和存在的返贫风险点。说起手绘边据村“民情地图”的初衷，张银波说：“作为一名汉族干部，我每次入户都要麻烦当地的村干部带路。现在通过‘民情地图’，我对乡亲们进行引导和帮扶就会更方便些。”

为提高边据村村干部和农牧民群众学习国家通用语言文字的积极性，张银波在黑板上画出祖国版图，并围绕地名讲当地的党史故事。同时，为把党的红色基因和民族团结的种子播撒在青少年心中，张银波还联系母校云南省保山学院，在多所小学开展了“石榴籽——大手牵小手 · 云南西藏千里互通书信传党史活动”。他组织 82 名云南籍汉族、回族、彝族、傣族、傈僳族、佤族、独龙族的大学生与山南市的藏族小学生互通书信，相互介绍学习与生活情况、家乡美景和党史故事。该活动被人民网、《西藏日报》等 30 余家媒体报道，报道累计阅读量达到 7 万余人次，在社会上引起了强烈反响。

“来西藏，就要做西藏人；入党，就要一辈子跟党走。”张银波表示，要做高原上的一颗石榴籽，与当地干部群众紧紧团结在一起，俯下身子，尽力献真情，努力为建设美丽幸福西藏贡献力量。

（资料来源：中国青年网，有改动）

实战演练

一、分析本专业的就业形势

请你了解所学专业的就业形势，为将来的求职就业做准备。

第 1 步：请你在下面的横线上写下自己通过各种途径了解到的关于所学专业的所有信息。

（1）通过网络渠道了解的就业信息。

______

______

______

（2）通过他人（父母、老师、同学等）了解到的就业信息。

______

______

______

第 2 步：请写出你所学专业的就业途径，以及该专业的就业优势和劣势。

（1）就业途径。

______

______

______

（2）就业优势和劣势。

______

______

______

第 3 步：请写出你所在学校所学专业历届毕业生的主要就业去向。

______

______

______

第 4 步：请你思考下面的问题，并把你的答案写在横线上。

（1）综合上述内容，你对所学专业当前的就业形势有什么看法？

______

______

______

（2）结合所学专业的就业形势和自身情况，你应该做哪些就业准备？

______

______

______

二、探寻“三支一扶”计划

“三支一扶”是指大学生在毕业后到农村基层从事支教、支农、支医和扶贫工作。其目的在于为高校毕业生向基层单位落实就业问题提供具体的指导和保障。该计划的政策依据是国家人事部 2006 年颁布的第 16 号文件《关于组织开展高校毕业生到农村基层从事支教、支农、支医和扶贫工作的通知》。“三支一扶”计划自 2006 年实施以来，已累计选派 43.9 万名（截至 2022 年 7 月）高校毕业生到基层服务。

请你查阅相关资料，了解“三支一扶”计划，并回答问题。

（1）你愿意报名参加“三支一扶”计划吗？

（2）假如你想要报名参加“三支一扶”计划，你认为自己需要做好哪些准备？

（3）请你谈谈自己对国家“鼓励高校毕业生到城乡基层就业”的看法。

项目六

学以致用，初显身手

——求职策略

学习目标

知识目标

- 了解个人简历和求职信的相关内容。
- 了解笔试和面试的类型。
- 熟悉笔试和面试前需要做的准备。

能力目标

- 能够自制高质量的求职简历。
- 掌握笔试和面试的技巧，并在模拟求职活动中熟练运用。

素质目标

- 培养理性平和、乐观向上的就业心理，形成优良的心理素质与健全的人格。
- 通过制作、修改个人简历，不断激发探索自己的积极性，培养正确的职业观。

引导案例——创意，让她脱颖而出

刚从某高校新闻专业毕业的小郑，通过自己“明码实价”的简历，拿到了某知名房地产公司的录用通知。她在简历中对自己的能力及不足进行“明码标价”，简历就像一个“价目表”。她笑着说：“这一招助我一路拼杀，找到了现在这份令我非常满意的工作。”

求职简历变报价单

基本价值：加 1 800 元——作为一名国家直属重点大学的毕业生，耗费了父母大量的金钱和感情，需要足够的物质支持来回报家人和满足个人生活，并用于支付工作技能进一步的发展。

技能价值：减 300 元——作为一个新闻学专业的学生，缺乏“一技之长”，所能做的工作不具有不可替代性，但在进入某单位经过一段时间的磨炼后，我可以有所发挥。为了感激贵单位给予这个“进门”的机会，我认为应该减去 300 元的月薪。

性格价值：加 300 元——我开朗、活泼、幽默的性格，能最大限度地使一个团队士气高昂，在愉快的氛围中保持工作的高效。

经验价值：减 500 元——经验欠缺，没有独立完成学术研究的相关经验，也没有组织过大型的社会活动，但作为一个具有扎实的专业知识和较高的综合素质的社会新人，我相信自己很快就能完成从学生到职员的过渡。

……

和其他毕业生的简历相比，小郑的简历更像一份报价单。她对自己的各项素质进行了具体而客观的评价，一共有 10 余项，分别给出了或正或负的价值数额。最后，她给自己评定的基本市场价值是 4 000 元。

小郑高兴地说：“因为形式新颖，我投去简历的单位几乎都会让去我面试。”

制胜仍需真才实学

小郑所在部门的经理说：“小郑的简历给我们留下了良好的第一印象。”但万经理同时也表示，小郑在后来的笔试及面试中表现出色，才是她应聘成功的真正原因。

据了解，现在毕业生简历花样繁多。虽然毕业生不能只凭借花哨的简历求职，良好的自身素质、过硬的专业技能才是应聘成功的制胜法宝，但是一份好的简历，可以帮助毕业生在竞争激烈的就业市场中得到更多的关注。

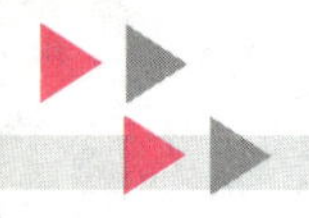

毕业生就业一般都要经过自荐、笔试、面试几个阶段。就业材料在很大程度上决定毕业生能否获得面试的机会，同时毕业生的书面资料也是用人单位了解毕业生的窗口，通过这个窗口，用人单位可以了解毕业生的经历、能力、品性、特长，进而确定进一步的考核计划。所以，能够撰写有说服力和吸引力的书面材料是赢得主动、踏向求职成功之路的第一步。同时，在毕业生的求职过程中，笔试和面试也非常重要。笔试成绩是毕业生个人能否脱颖而出的实证，而面试的成败则决定着毕业生能否参加复试、试用和签约录用。

探索一 准备求职材料

每个毕业生需要准备的就业求职材料并没有统一的要求或标准，不同的招聘场合和用人单位对此的要求也不尽相同。一般来说，毕业生的自荐书面材料应该包括个人简历、求职信和辅助材料。

一、求职简历

求职简历（见图 6-1）是求职者对自己的学历、经历、特长、爱好、成绩等有关情况所做的简要介绍。其目的是让用人单位全面地了解自己，并给予自己面试的机会。求职简历是用人单位对求职者进行分析、比较，并决定是否录用求职者的主要依据。一般情况下，用人单位会先通过简历对求职者进行初步了解，以确定是否给予求职者参加面试的机会。因此，大学生应当认真地制作自己的求职简历，以便通过简历与用人单位建立有效联系，告诉用人单位自己符合所应聘职位的哪些条件，给用人单位留下良好的印象，从而获得用人单位的初步认同，获得面试的机会。

（一）求职简历的基本要素

一般来说，求职简历应包括求职者的基本情况、教育背景、学习成绩、外语和计算机应用水平、实践经验和获奖情况、能力和特长、性格评价、求职意向、联系方式等基本要素。

1. 基本情况

求职者的基本情况包括姓名、年龄（出生年月）、性别、籍贯、民族、最高学历、政治面貌、毕业学校、专业等。一般来说，求职者应有条理地罗列基本情况，每项内容用一两个关键词概括说明即可。

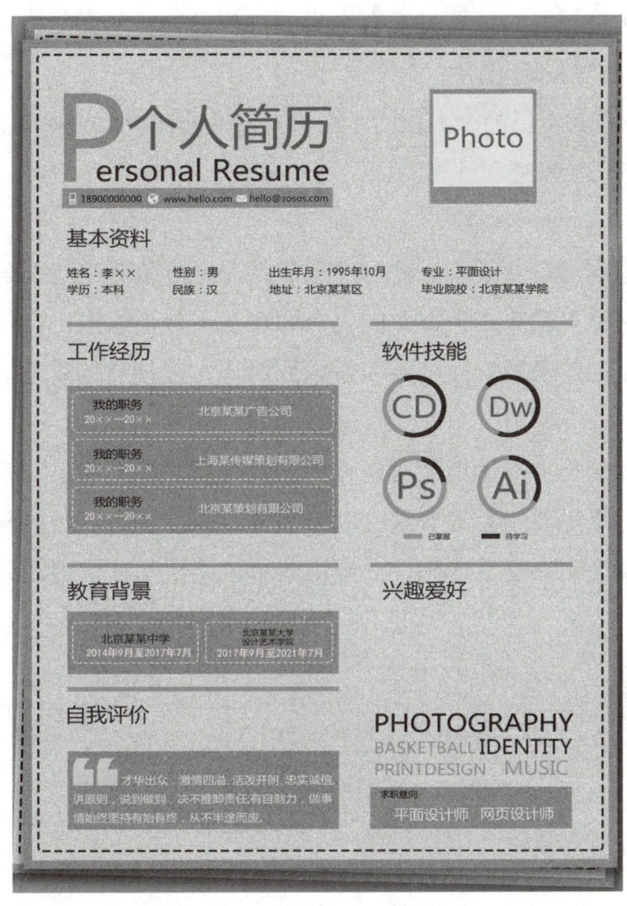

个人简历
Personal Resume
18900000000　www.hello.com　hello@sosos.com

Photo

基本资料

姓名：李××　性别：男　出生年月：1995年10月　专业：平面设计
学历：本科　民族：汉　地址：北京某某区　毕业院校：北京某某学院

工作经历

我的职务　20××—20××　北京某某广告公司
我的职务　20××—20××　上海某传媒策划有限公司
我的职务　20××—20××　北京某策划有限公司

软件技能

CD　Dw　Ps　Ai
已掌握　待学习

教育背景

北京某某中学　2014年9月至2017年7月
北京某某大学设计艺术学院　2017年9月至2021年7月

兴趣爱好

PHOTOGRAPHY
BASKETBALL IDENTITY
PRINTDESIGN MUSIC

自我评价

才华出众，激情四溢，活泼开朗，忠实诚信，讲原则，说到做到，决不推卸责任，有自制力，做事情始终坚持有始有终，从不半途而废。

求职意向
平面设计师　网页设计师

图 6-1　个人简历

2. 教育背景

教育背景主要是指求职者从高中入学至就业前的学习经历。求职者应将最近的学习经历写在简历相应位置的最上方，并确保每一段学习经历的起止时间能够前后衔接。

3. 学习成绩、外语和计算机应用水平

简历中应列出求职者在大学阶段的主修、辅修与选修科目及其成绩，并写明外语和计算机的应用水平。很多求职者在大学期间所修的科目众多，因此在罗列所修科目时，求职者应有针对性地进行，即突出与自己所谋职位相关的科目与必备技能，而不必面面俱到。

4. 实践经验和获奖情况

实践经验和获奖情况是个人简历中的重要内容。用人单位一般比较看重求职者的实践能力与工作经验，所以求职者一定要认真填写这方面的内容，主要突出自己在大学期间担任过的职务、获得的奖励，以及从事各种兼职工作、参与实习和社会实践的情况。如果曾在大型企业做过兼职，则一定要在简历中注明，因为拥有大型企业的工作经历，能在一定

程度上说明自己得到过较好的锻炼且拥有宝贵的工作经验，从而给自己加分。

5. 能力、特长及性格评价

在简历中，求职者对自己的个人能力、特长及性格的评价要恰如其分，应尽可能注明与所谋求职位相关的专长、兴趣和性格特征。

6. 求职意向

简历中的求职意向一定要明确。需要注意的是，每份简历都是求职者根据自己所申请的职位来设计的，突出自己在某个方面的优点即可，千万不能把自己描述成一个全才。大学毕业生可以根据不同的求职意向准备多份求职简历，以便有侧重地展示自己。

7. 联系方式

求职者一定要在简历上准确地填写自己的电话号码、QQ 号、微信号、E-mail 地址等常用联系方式，并尽量不要轻易改变这些联系方式，以便用人单位能够及时联系到自己。有的大学毕业生频繁地更换联系方式，使得用人单位无法与其取得联系，就可能会因此而失去面试的机会。

案例精选

个人简历模板

照片栏

（1）个人概况。

姓　　名：__________　　性　　别：__________

出生日期：__________　　民　　族：__________

婚姻状况：__________　　政治面貌：__________

籍　　贯：______________________________

现居住地：______________________________

毕业院校：______________________________

专　　业：__________　　最高学历：__________

电子邮件：______________________________

通信地址：______________________________

联系电话：__________　　邮　　编：__________

求职意向：______________________________

（2）教育经历（请依个人情况酌情增减）。

____

____

____

____

（3）主修课程。

____

____

____

____

注：详细成绩单见附件。

（4）论文情况。

____

____

____

（5）英语水平：基本技能（英语的听、说、读、写能力）和标准测试（是否通过国家四、六级英语考试，TOEFL 和 GRE 考试等）成绩。

____

____

____

（6）计算机水平。

____

____

____

（7）获奖情况。

____

____

____

（8）实践与实习。

____

____

____

（9）工作经历。

____

____

（10）个性特点（请描述出自己的个性、工作态度、自我评价等）。

（11）附言和备注。（如果你还有什么要写上去的，请填写在这里。例如，相信您的信任与我的实力将为我们带来共同的成功，希望我能为贵公司贡献自己的力量！）

（二）制作求职简历的注意事项

制作求职简历时，大学生应注意以下几个方面。

（1）求职简历应一目了然，表达清楚、准确、规范，确保用人单位招聘人员一眼就能看到所需要的信息。同时，大学生要善于挖掘自己过往经历及所学专业在新领域中的价值，要在完整、细致地梳理自己过往经历的基础上，提炼出对目标职位有用的内容，再有技巧地表达出来。

（2）求职简历的内容应有所侧重，不能杂乱无章。很多大学生的求职简历不是铺垫过多，就是缺乏逻辑、杂乱地陈列经历。用人单位拿到这样的简历后，很难找到亮点。大学生应围绕目标职位，有针对性地在简历中展示自己的能力，突出自己与该职位的“适合性”，让用人单位招聘人员一眼便能了解自己的优势所在。

（3）求职简历的篇幅不要太长。据调查，用人单位招聘人员平均花费在每份简历上的时间不到 1 分钟，最短的甚至只有 3 秒钟。要想让自己的简历在这短短的时间内迅速吸引用人单位招聘人员的眼球，大学生的求职简历就必须短小精干。一般情况下，求职简历的篇幅不应超过一页（A4 纸大小）。

（4）制作求职简历时不能简单地套用网络上的模板。很多大学生在制作自己的简历时会直接套用网络上的模板。这样固然省事，却可能会让用人单位觉得大学生不够真诚。其实，好的求职简历并没有固定的框架，只要排版得当，制作精美，内容与格式相辅相成，就可以得到用人单位的认可。

扫一扫

为什么你的简历总是石沉大海

（5）不要制作“万能简历”。所谓“万能简历”是指可以套用在任何专业、任何职位上使用的简历。在招聘时，很多用人单位会优先淘汰“万能简历”的持有者。因为用人单位希望从求职简历中看到求职者是否适合他们招聘的职位，以及求职者将怎样去适应这个职位，而“万能简历”却无法给用人单位提供这些信息。大学生应根据应聘职位的要求量身定制自己的求职简历，这样才会大大提升就业的“命中率”。

二、求职信

求职信是求职者针对招聘职位制作的，向用人单位进行自我推荐的书面材料，是求职简历的补充。求职信集自我介绍、自我推荐和行动计划于一体，重点突出了与目标职位联系得最紧密的内容。一份好的求职信能展示求职者清晰的思路和良好的表达能力，以及求职者所具备的各种素质，可以提高求职的成功率。

（一）求职信的格式

求职信的重点在于“荐”，在构思上一定要围绕“为何荐”“凭何荐”“怎样荐”的思路安排，其书写格式与一般书信大致相同，包括标题、称呼、正文、结尾和落款等内容。

1. 标题

标题是求职信的标志。求职者可以用较大的字体写明“求职信”3 个字，使其醒目、美观。

2. 称呼

这里的称呼是指求职者对主送单位或收件人的称呼，往往比一般书信的称呼更正式。例如，给企业人力资源部门负责人写求职信时，可称呼对方“尊敬的××经理”等；给科研院所或高校人事部门负责人写求职信时，可称呼对方“尊敬的××老师”等。

称呼要正式、准确，忌用“前辈”“叔叔”“师兄”等称呼。由于大学毕业生在求职时通常不了解用人单位招聘者的职务，因此，在求职信中称呼招聘者为“××领导”也是可行的。

3. 正文

正文是求职信的核心部分，其形式多样，风格各异。求职者在写正文内容时应注意以下几点。

（1）简要地介绍自己。求职者应在正文的开头用一两句话说明自己的毕业学校、学历、专业等基本信息，如“我是××大学管理学院电子商务专业 2022 届本科毕业生”等。

（2）说明求职信息的来源。求职者应在求职信的开头说明求职信息的来源，如“本

人从×年×月×日的《××报》上得知贵单位正在招聘，故前来应聘”等。

（3）说明应聘的职位。求职者应在求职信的开头说明所要应聘的职位，如“本人欲应聘会计主管一职”等。如果职位有编号，则还应写上编号，如“会计主管（013 号）”等。

（4）说明能胜任所应聘职位的理由。这是求职信的关键内容，主要用于向用人单位展示求职者的专业知识、工作经验、专业技能，以及与所应聘职位相匹配的性格、特长、兴趣爱好等。需要注意的是，在说明能胜任所应聘职位的理由时，不能简单地堆砌经验和成绩，而应突出与所应聘职位相匹配的能力水平和个性特征，不要写不相关的内容，更不要写与任职要求相悖的内容。例如，用人单位招聘“营销人员”，求职者却展示自己“内向、文静”的性格特征，这样往往会导致求职失败。

（5）展示自身的发展潜力。写求职信时，求职者不仅要向用人单位说明自己现在拥有的能力，还要说明自己的发展潜力。

4．结尾

求职信的结尾一般包括两个方面的内容：一是期望，二是祝福语。表达期望的话语几乎已成定式，如“我期望得到您的回复”或“我希望能获得与您面谈的机会”等；祝福语通常可为“顺祝安康”“祝贵公司兴旺发达”等，也可为“此致”“敬礼”之类的敬语。

5．落款

落款处应署名并注明日期。署名应与文首的称呼相呼应，如果求职者在文首称对方为“××老师”，则可署名为“学生××”，当然也可以直接写上自己的名字。需要注意的是，不论求职信是打印的还是手写的，落款处的签名都要手写。签名的下方要写上年、月、日，并注明自己的联系方式。

（二）求职信的写作要点

写求职信的目的是推销自己，争取面试机会。大学生在写求职信时应掌握一些技巧，具体如下。

1．确保言简意赅

招聘者的工作量很大，时间宝贵，若求职信篇幅过大，则会大大降低其招聘效率。某人力资源研究所的一份测试报告也证明了这一点：如果一封求职信超过了 400 个字，那么阅读者只会对 1/4 的内容留下印象。因此，求职信的内容必须言简意赅。

2．做到态度诚恳

求职者在写求职信时应首先考虑自己能给用人单位带来什么，能为用人单位创造哪些价值。只有展示自己可以提供的价值，才能凸显求职的诚意。此外，写求职信时，要诚恳礼貌，既不能自吹自擂，也不能妄自菲薄。

3. 突出重点内容

求职者在写求职信时一定要突出与应聘职位相关的经验和技能，切忌面面俱到。例如，求职者在应聘销售员职位时，应在求职信中重点阐述与销售有关的实践经验，同时略写其他方面的相关技能和经验。

4. 力求有针对性

求职者在写求职信时应力求有针对性，这样才能引起招聘者的注意。有的求职者将同一封求职信四处投递，这种求职信的命中率很低，原因很简单——求职信没有任何针对性，无法引起招聘者的注意。

求职信的核心内容是自己的价值，也就是自己胜任某职位的能力。求职者在动笔前，应对用人单位和应聘职位的情况有所了解；在写信时，应突出与应聘职位有关的内容，做到有的放矢。

如何写好求职信

5. 切忌夸大其词

求职者在写求职信时一定要实事求是，用事实陈述代替华丽辞藻，恰如其分地介绍自己，不要夸大其词。

6. 避免文字错误

求职者在写求职信时一定要注意措辞，写完之后应检查几遍，避免出现错字、别字、病句及文理不通的现象。

案例精选

求职信范例二则

范例一

求　职　信

尊敬的领导:

您好!

我是××大学××专业的应届本科毕业生，2022 年 7 月，我顺利毕业并获得工程学士学位。近期从贵公司网站上获知贵公司正在招聘人才，我欲申请“网络维护工程师”这一职位，并自信符合贵公司该职位的任职要求。

我具有较好的计算机应用能力，并于 2020 年通过了全国计算机等级考试(四级);能熟练操作 Windows 10，并能使用 C++、Pascal、JavaScript 等语言工具编程，能运用 AutoCAD、Photoshop、Labview 等软件开展相关工作。此外，我对网络技术也有一定的了解，正准备参加微软认证系统工程师（MCSE）考试。

我在大学二年级时通过了大学英语六级考试，有着较强的阅读能力、写作能力和较高的口语水平。在校期间，我曾协助教授翻译过多篇技术论文。

在大学期间，我多次获得校级奖学金，而且发表过多篇论文，还担任过班长、团支书等职务，具有较强的组织能力和协调能力。

我希望能进入贵公司，为贵公司的发展添砖加瓦。随信附上我的简历，期待与您面谈！

此致

敬礼！

附件：个人简历

王××（手写）

2022年×月×日

（电话：138××××××××）

范例二

求 职 信

尊敬的招聘经理：

您好！

我是××大学经济学院经济学专业的一名应届本科毕业生。我于2022年10月22日参加了贵公司在我校举办的校园招聘会，得知贵公司研究部正在招聘分析员，我希望应聘贵公司“研究部分析员”一职。

我在实习期间一直关注中国金融市场的动态，对新兴证券公司尤为关注。我在××信息咨询公司担任兼职翻译时，有幸采编过关于贵公司组建过程的新闻，深知贵公司的领导团队由一批具有创新意识和进取精神的高素质人才组成。我相信，进入贵公司工作的人会有良好的发展前途。

下面简要说说我的基本情况。

（1）拥有良好的教育背景：于2022年7月获得了经济学学士学位。

（2）拥有金融行业的工作经验：曾在××金融培训公司担任兼职分析员，在××信息咨询公司担任兼职翻译，对金融、电子、通信等行业有比较充分的了解。

（3）拥有较强的沟通能力：曾在校摄影协会、“爱心社”的社会实践活动中担任职务，负责开展内部管理和对外沟通的工作，提升了沟通能力。

我十分渴望得到贵公司的面试机会，希望加入贵公司的研究团队从事基础分析工作，为使公司的发展贡献力量。

尊敬的招聘经理，感谢您阅读我的求职信！

顺祝商祺！

附件：中文简历和英文简历各一份

齐××（手写）

2022年×月×日

（电邮：××@163.com。电话：139××××××××）

三、其他材料

除了求职信和个人简历外，毕业生还应提前准备以下材料。

（1）毕业证书、学位证书。

（2）各种荣誉证书，包括奖学金证书和各类活动获奖证书。

（3）英语和计算机等级证书。

（4）各类资格证书，如报关员资格证书、注册会计师证书等。

（5）学校正式开具的、盖有印章的成绩单、推荐材料、实习鉴定材料等。

（6）在正式出版物上发表的文学作品、科研论文、美术设计作品、音像作品、摄像作品，以及各类小制作、小发明、小创作的图像资料。

如果以纸质资料的形式投递简历，则求职材料的摆放顺序为求职信、个人简历、其他资料；如果以电子邮件的形式发送简历，则将求职信写在正文部分，将简历与其他资料打包后上传至附件，并且邮件和打包的附件都应写好标题，如“××（姓名）应聘××职位的求职材料”。

拓展阅读

网上求职

1．网上求职的形式

网上求职一般有两种形式，

第一种是在网上发布求职信息，等用人单位和求职者联系。这种求职形式的主要操作和步骤为：打开人才招聘网站—注册登记—注明求职意向、要求以及个人情况和通信方式（通信地址或电子邮件地址）—完成登记。

第二种是根据网上发布的招聘信息，发送求职意向，或者直接登录用人单位网站，主动发送个人简历。如果用人单位对求职者的资料感兴趣，就会和求职者联系。

2．网上求职的注意事项

（1）不要同时在一家公司应征数个职位。

一般来说，在用人单位看来，求职者如果既应聘文秘，又应聘程序员，还应聘推销员，那么，用人单位会觉得求职者这几个方面可能都不是很精通。正所谓样样通、样样松，这样应聘，求职者的成功率自然也较低。

（2）谨防网上骗子。

网上求职和网下求职一样，都有上当受骗的可能。对于未面试就让求职者缴纳报名费和培训费的招聘信息，求职者一定要注意辨别其真伪，以防受骗。

（资料来源：新浪网，有改动）

探索二 学习笔试技巧

求职过程中的笔试是用人单位为了考查求职者的专业知识、综合水平、心理状态、智商及文字功底而设置的考试。它不同于学校平时的考试，用人单位的出题方式远比学校灵活多样。在参加笔试之前，大学生应当针对不同笔试类型适当地做一些准备，以便充分发挥自己的水平，取得好成绩。

一、笔试的种类

笔试的主要内容是基础知识、专业知识，以及与用人单位有关的某些知识和外语。不同类型的笔试有着不同的考核内容，大学生应在考前对考核内容进行详细的了解，并针对不同的情况做好相应的准备。

（一）专业能力考试

专业能力考试主要用于考查求职者的专业知识水平和相关的专业技能。一般情况下，用人单位在接收毕业生时主要通过学校提供的推荐表、成绩单及毕业生的自荐材料来了解求职者的基本情况。与此同时，一些用人单位还会采用笔试的方式对求职者进行专业知识考核，如外资企业招聘员工时要考外语、金融单位招聘员工时要考金融知识等。

（二）智商测试

智商测试主要用于考查求职者的观察能力、综合分析能力、思维能力等。智商测试主要有两种类型：一类是图形识别，如让求职者指出几种图形的相似点和不同点等；另一类是算术题，主要测试求职者对数字的敏感程度和计算能力，如让求职者根据不同的要求算

出几组数据的平均值等。第二类测试在会计师、审计师等职业招聘中比较常见。

很多用人单位认为，大学毕业生除了需要具备相应的专业知识之外，还需要具备快速接受新知识的能力，因此这些用人单位常常采用智商测试的方式考查求职者的综合素质。

（三）心理测试

心理测试是用标准化量表或问卷来衡量个体心理因素水平和个体心理差异的一种测量方法。一些用人单位常常采用职业心理测试考查求职者对工作的态度、兴趣、动机，以及其性格类型与招聘职位的匹配度等。

（四）技能测试

技能测试主要用于考查求职者的实践能力，主要包括操作和使用计算机的能力、英语对话能力和阅读能力，以及在财会、法律、驾驶等方面的实际操作能力等。

（五）综合能力测试

综合能力测试兼有智商测试的功能，但其测试要求更高，主要用于考查求职者的文字表达能力、逻辑思维能力、分析问题和解决问题的能力等。例如，IT、通信、机械重工等行业的企业在招聘技术人员时，会着重考查求职者的逻辑推理能力、数字计算能力，以及是否具有与行业相关的综合知识。再如，用人单位要求求职者在规定的时间内对一组数据、一组资料进行分析，找出其合理之处和存在的问题，并设计出解决问题的方案。

二、笔试前的准备

（一）了解笔试内容，做到心中有数

笔试的主要内容是基础知识和专业技能知识，其次是与用人单位有关的某些知识。不同类型的笔试有不同的考核内容，求职者应在考前进行详细的了解，并针对不同的情况做好相应的准备。一般情况下，求职者可以通过多种渠道和方式了解特定单位历年笔试试题的内容与题型，并做一些模拟试题，测试一下自己完成所有试题的时间及正确率，然后找出错误原因，总结经验，并针对自己的弱项进行突击练习。

（二）熟悉笔试题型，进行认真复习

用人单位比较重视求职者对所学知识的应用能力。因此，求职者在熟悉笔试题型之后，应该根据知识考查范围进行延伸复习。在延伸复习的过程中，求职者要理论联系实际，学以致用，并对与应聘职位相关的知识进行认真梳理；同时，还要广泛阅读相关资料，扩大

知识面，以便在笔试时能够应对自如。此外，为了适应笔试的题量，求职者还应训练自己的快速阅读能力、快速思维能力和快速答题能力。

实际上，在校园招聘中，企业招聘试题所涉及的一些基础知识及专业知识可能是毕业生在大学课堂上学习过的。所以，大学毕业生可以在参加笔试前将相关的知识复习一遍，以便从容地应对笔试。

（三）准备考试用具，明确笔试要求

求职者在接到用人单位的笔试通知后，应根据笔试通知的要求准备好相关的考试用具（如 2B 铅笔、橡皮、签字笔、计算器等）和个人证件（如身份证、学生证等）等。

用人单位对求职者进行笔试时，不仅要考查求职者的通用知识和专业知识，还要考查求职者的心理素质、办事效率、工作态度、思维方式等。为了充分地展示自身能力，避免答题时偏离方向，求职者在笔试前应明确试题要求，领会笔试的考查目的。

（四）熟悉考试环境，做到有备无患

熟悉考试环境主要是指求职者应了解考场的设置情况，如考场所在位置、去往考场的路线、考试时的座位是哪个等。同时，求职者还应熟悉存包处及卫生间的具体位置，并熟记考场规则，将每场考试的起止时间、答题要求等重要事项牢记于心。

（五）确保睡眠充足，保持良好状态

参加笔试前，求职者应调整心态，可以适当地参加一些文体活动，以使高度紧张的大脑得到放松，还应确保睡眠充足，以免考试时精神不振。

三、笔试的策略

（一）增强自信

笔试怯场大多是缺乏自信所致。求职者应对自己进行正确评估，克服自卑心理，增强自信心。在考试过程中，求职者不要受到同考场内其他人的影响（如有人提前交卷等），而要注意调节自己的心理状态，不要慌张，相信自己一定能够答好试题。

（二）科学答卷

1. 浏览全卷

求职者拿到试卷后，首先应将试卷浏览一遍，大致了解试题的题量和难易程度，以便合理把握答题的速度。

笔试的注意事项

2. 先易后难

求职者应根据先易后难的原则安排答题的顺序，即先解答相对简单的题，后解答难题。这样就不会因花费太多时间攻克难题而导致做不完题。

3. 细心审题

笔试时，求职者应逐字逐句地审题，弄清题目要求，然后按要求答题。如果有论述题或作文题，求职者在落笔时更要慎重，切不可下笔千言、离题万里。

4. 把握主次

答题时，求职者一定要分清主次、轻重，将主要精力放在重点题目上，否则笔试成绩必然会受到影响。

5. 灵活答题

笔试试卷中的论述题和应用题用于考查求职者运用所学知识分析问题、解决问题的能力，所以求职者在答题时要积极思考，广泛联想，将已学过的知识与题目信息联系起来，灵活答题。

6. 字迹工整

求职者必须确保字迹工整、卷面整洁。因为用人单位经常将卷面字迹和求职者的思想、品质、作风等联系起来。那些字迹潦草、卷面不整洁的求职者，通常会被用人单位视为做事不认真、没有耐心或态度不端正的人；而那些字迹端正、卷面整洁的求职者，通常会被用人单位视为态度认真、做事细致的人，更容易受到用人单位的青睐。

案例精选

试题的秘密

在某大型建筑公司的招聘现场，有几位毕业生顺利通过了多轮筛选。现在，他们正面临着最后的考验——参加一场时长 10 分钟的考试。这次考试的通过者即可进入这家大型建筑公司工作。

试卷共 30 题，考查范围广且题量大，这完全出乎大家的意料，这么多题，10 分钟时间根本不够。许多人一拿到试卷便半秒也不敢耽搁地慌忙答题，全然不顾监考人员的忠告："请大家先将试卷浏览一遍再答题。"

试卷在 10 分钟后收齐上交，由人事经理亲自批阅。人事经理挑出了 5 份试卷。这 5 份试卷的卷面有一个共同特点，即 1～28 题全部未做，仅回答了最后两道题，而其他试卷的答题情况要好很多，卷中的不少题得以解答，解题数量最多达 12 道。这家公司最后录用了这5个仅答了最后两道题的年轻人——原来秘密就藏在第28题中，它的内容是“前面各题均无须回答，只做最后两题即可。”

（资料来源：生活日报数字报刊，有改动）

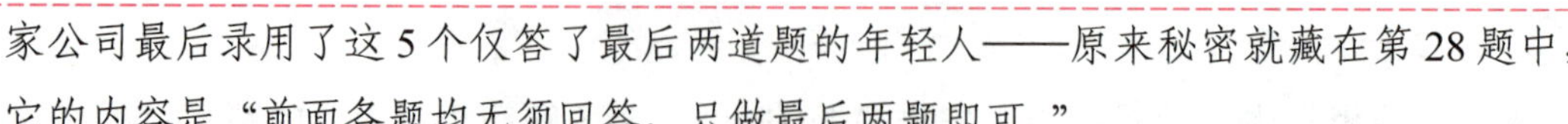

探索三 掌握面试技巧

面试即当面测试，主要是考核求职者的动机、工作期望、仪表、性格、知识、能力、经验，以及用人单位在笔试中难以获得的信息。面试对大学生是否能够应聘成功起着关键性的作用。

一、面试的形式

根据面试内容、组织形式和面试要求的不同，面试大致可分为以下几种。

（一）结构化面试

结构化面试又称“标准化面试”，是指按照事先确定的面试程序、面试试题和评分标准进行面试的一种形式。结构化面试是相对于传统的经验型面试而言的，其具有程序结构化、题目结构化和评分结构化的特点。

在结构化面试中，面试官根据事先拟定的面试提纲对求职者进行测试，通常不会随意改变提纲内容，对面试各个要素的评判也会按照事先拟定的评价标准进行。在结构化面试中，面试的程序、内容及评分方式的标准化程度都比较高，这使得面试结构严谨、层次清晰，面试操作比较方便，面试结果也相对客观、公平。

（二）非结构化面试

非结构化面试是指事先不确定面试的框架结构，也不使用有确定答案的提问，而根据具体情况灵活提问的一种面试方式。这种面试不拘泥于场合和时间，形式十分灵活，气氛轻松活泼。在非结构化面试过程中，面试官会与求职者自由地交谈，并通过观察求职者的谈吐、举止、气质、风度等，对其进行全方位的考查。

（三）压力式面试

压力式面试是指面试官有意地制造紧张气氛，用穷追不舍的方式围绕某一主题进行提

问，以了解求职者如何应对工作压力的一种面试方式。

压力式面试要求求职者具有敏捷的思维、稳定的情绪和良好的情绪控制能力，常用于测评高级管理人员。在这种面试中，面试官故意提出一些犀利的问题，以使求职者感受到压力，并针对某个问题"打破砂锅问到底"，直至求职者无法回答。其目的是测评求职者对压力的承受能力，以及在面对压力时的应变能力。

（四）情景式面试

情景式面试是指面试官设置一定的模拟情景，要求求职者扮演某种角色，并在模拟情景下处理各种事务或问题，面试官根据求职者分析问题、解决问题的表现来测评其素质与潜能，进而判断其能否适应或胜任某项工作的一种面试方式。

案例精选

某百货公司的情景式面试

某百货公司想聘请一位总经理，招聘者给 3 位候选的求职者播放了一段录像。录像显示，在上午 9 时 30 分时，一个高个子小伙子走进某百货商场。只见他掏出 100 元，买了一支 8 元的牙膏。上午 10 时整，一个矮个子小伙子走进商场，也要买一支 8 元的牙膏，他掏出 10 元递给售货员，售货员找零时，他却说自己给的是一张百元钞票，双方为此起了争执。商场总经理走过来询问情况，矮个子小伙子提高嗓门说："我想起来了，我的纸币上有'2888'的数字。"售货员在收银柜中寻找，果真找到了这样一张百元钞票。这时，录像结束。

招聘者向求职者提问："假如你是总经理，明知矮个子小伙子有欺诈行为，你会如何应对？"

第 1 位求职者回答："首先向顾客道歉，然后当众批评售货员，并如数找给小伙子 92 元。"

第 2 位求职者回答："在矮个子小伙子耳边说：'我们有内部录像系统。'"

第 3 位求职者回答："既然您没有支付 10 元，那么，收银柜内所有的 10 元纸币上都不会有您的指纹。您能保证吗？"

点评：第 1 位求职者的优点在于能够从公司大局出发，但其做法有向不法行为低头之嫌。第 2 位求职者犯了一个大忌，即职业经理人应以诚信为本。情景录像中的商场没有安装录像系统，如果那个小伙子要求出示内部录像，则百货公司很容易陷入被动的局面。第 3 位求职者敏锐地抓住了矮个子小伙子知识上的盲区，并当场予以揭穿。

上述情景面试旨在考查求职者以下3个方面的素质：洞察力——对事件本质的把握；全局观——对“顾客至上”理念的理解；道义感——对诚信的态度。最后，第3位求职者成功胜出。

（资料来源：世界经理人网，有改动）

（五）隐蔽式面试

隐蔽式面试是指面试官通过暗中观察求职者的言行举止来获取相关信息，进而对求职者做出评价的一种面试方式。由于这种方式具有隐蔽性，面试官可以了解求职者在特定情形下的真实表现。求职者常常因这种面试的隐蔽性而放松警惕，有时甚至面试失败了也懵然不知。

案例精选

等了两个小时的面试

小章是杭州某高校管理专业的毕业生。一个多月前，他看到一家大公司在招聘销售人员，就申请了该公司的销售员职位，并在线发送了求职信和简历。

两个星期后，小章突然接到了这家公司人力资源部的电话，部门负责人让他当天下午2点前去面试。小章一看时间，马上就中午12点了，便什么都没有准备，急忙按照指定路线前往该公司面试。到了指定地点后，小章发现在场的求职者都在忙着做自己的事。小章有点疑惑，心想：“是我来晚了吗？或者是我走错地方了？”正在小章不解的时候，一名工作人员走过来告诉小章和其他求职者，人力资源部负责人临时有事不在公司，让他们先在会议室里等一会儿。

既来之，则安之，小章耐心地坐了下来，并与几个求职者聊了起来，还随手翻了翻桌上的宣传资料。等待的时间似乎特别漫长。1个小时后，有几个求职者等不及，起身走了，有的求职者走时还抱怨道：“一点时间观念都没有的公司，不来也罢。”

又过了1个小时，会议室里只剩下小章和另外两个求职者了。这时，人力资源部负责人终于回来了，开始分别对他们进行面试。面试小章的时候，人力资源部负责人问：“你等了这么久，觉得值不值？”小章很诚恳地回答：“现在找工作这么难，等待的时间算不了什么。最关键的是，我既然来了，就一定要向贵公司表现出我的诚意，并展示自己的才能。”人力资源部负责人听了之后，赞许地点了点头。

几天之后，小章接到了这家公司的录用通知书。原来，这家公司认为，学识固然

很重要，但有时耐心更重要。所以，当小章和其他求职者在会议室等候时，人力资源部负责人一直在会议室的监控里观察着这些求职者的一举一动。两个小时的等待，其实是该公司对求职者的考验，是为了测试求职者的耐心，观察求职者在言行举止中所体现的素养。

点评：从考验求职者是否能自觉扶起倒在地上的扫把、捡起地上的废纸，到上述案例中考验求职者是否有足够的耐心等待，隐蔽式面试的形式越来越多样化，也越来越隐蔽。“醉翁之意不在酒”，这正是面试官的用意所在。应对这种面试，求职者必须在平时的生活中时刻注意自己的言行举止，并自觉培养认真、耐心、诚信等良好品质。即使在面试场外，也应仔细观察、从容应对身边发生的事情，要知道机遇也许就蕴藏其中。

（资料来源：求学网，有改动）

（六）综合式面试

综合式面试是指面试官通过多种方式考查求职者的综合能力和素质的一种面试方式。例如，面试官用外语与求职者交谈，要求求职者写命题作文、进行即兴演讲、操作计算机等，以考查其外语口语水平、写作能力、语言表达能力、灵活应变能力等。

（七）无领导小组讨论

无领导小组讨论又称“无领导小组测试”，是指在小组讨论的过程中，组织者不为该小组指定负责人，而让所有求职者自由发言的测评方式。这种面试用于考查求职者的个人能力和团队合作能力，因此，求职者要把握好个人表现与小组表现之间的平衡，切忌以自我为中心。

在具体操作过程中，组织者通常将一些求职者组成一个小组，然后让他们就某个问题进行讨论。面试官会在讨论之前向该小组介绍需要讨论的问题、所要实现的目标及各项活动的时间限制，再让求职者进行小组讨论。面试官不参与讨论过程，而是通过不易被求职者觉察的方式，如利用监控视频观察、隔着玻璃墙观察等，对求职者各方面的表现进行评价。

在无领导小组讨论中，需要求职者讨论的问题通常包括以下几类。

- **开放式问题：**是一种没有固定答案的问题，如“你认为什么样的领导是好领导？”“怎样才能提高下属的工作积极性？”等。这种问题主要考查求职者思考问题的全面性、创新性等
- **两难性问题：**要求求职者在两种互有利弊的答案中选择一种并说明理由，常见问题如“你认为重视工作的领导是好领导，还是重视员工的领导是好领导？为什

么？”等。这种问题主要考查求职者的逻辑思维能力、分析能力、语言表达能力等。

- **多项选择问题：**让求职者在多项备选答案中选择符合要求的一项或几项，或者按照重要程度的不同对备选答案进行排序。这种题目主要考查求职者分析问题及抓住问题本质的能力，可用于测评求职者的能力、价值观及人格特点等。
- **操作性问题：**给求职者提供一些材料、工具或道具，让求职者利用它们设计或制作出一个特定作品。这种题目主要考查求职者参与协作的积极性和主动性，以及实施操作性任务时的合作能力和角色承担能力。
- **资源争夺性问题：**让处于同等地位的求职者就有限的资源进行分配，以考查求职者分析问题的能力、逻辑思维能力、语言表达能力、辩论和说服他人的能力及灵活应变能力等。例如，让求职者模拟扮演部门经理，让他们就有限的资金进行分配。在这一过程中，小组成员要想获得更多的资金支持，就必须有理有据地说服他人。

通过无领导小组讨论，面试官可以考查求职者的组织协调能力、口头表达能力、逻辑思维能力、领导能力、人际交往能力，以及情绪的稳定性、反应的灵活性等。

在实际面试的过程中，主考官可能只采取一种面试形式，也可能同时采用几种面试形式。但无论面试的形式怎样变化，目的只有一个：考察求职者的专业知识背景、智商、情商、仪表、气质、口才和应变能力等。可以说，面试是对求职者进行综合素质测试的考场。

二、面试的内容

（一）基本素质

1. 仪表风度

仪表风度是指求职者的衣着打扮、行为举止、精神状态等。研究表明，仪表端庄、衣着整洁、举止文明的人，一般做事有条理、懂得自我约束、责任心强。求职者参加面试时应该着装得体，举止文雅、大方，回答问题时要认真、诚实。

2. 求职动机

求职动机是指求职者应聘某职位的原因，对应聘职位最感兴趣的方面及职业追求等。在面试过程中，面试官常通过考查求职者的求职动机来判断求职者的求职期望与应聘职位或工作条件等的匹配度。

3. 工作态度

工作态度既包括求职者过去对学习、工作的态度，也包括其对应聘职位的态度。一些面试官认为，在过去的学习或工作中态度不认真的人，在新的工作岗位上也很难做到勤勤

恳恳、认真负责。

4. 进取精神

进取精神是指一种积极向上的、立志有所作为的精神状态。有进取精神的人，一般都有明确的目标并愿意为之努力奋斗，他们的工作主动性强，在努力做好当前工作的同时不断追求更高的目标。没有进取精神的人，一般都安于现状，无所事事，不求有功，但求无过，常常敷衍了事。

5. 自控能力

自控能力主要是指抵御外界诱惑及控制自身言行的能力。自控能力较强的人，在受到上级批评、承受较大工作压力、个人利益受到损害时，能够克制不良情绪，理智地对待相关人员或事务，不会因情绪波动而影响工作；反之，自控能力较差的人，通常不能很好地控制自己的情绪及言行，从而影响正常工作。

（二）相关能力

1. 口头表达能力

口头表达能力是指将自己的思想、观点、意见或建议用语言表达出来的能力。在面试过程中，面试官对口头表达能力的考查主要体现为测评求职者语言表达的逻辑性、准确性和感染力，以及求职者说话时的音质、音色、音量和音调等方面。

2. 综合分析能力

在面试过程中，面试官对综合分析能力的考查主要体现为测评求职者透过现象抓住本质、透彻地分析问题、有条理地阐述观点及提出解决方案等方面的能力。

3. 灵活应变能力

在面试过程中，面试官对灵活应变能力的考查主要体现为测评求职者理解面试问题的准确性、回答问题的迅速性和准确性、应对突发问题的灵活性等方面。

案例精选

机智的销售员

一家合资企业到某高校招聘 3 名化妆品销售员。该企业的化妆品在市场上很有名气。该企业承诺，将给予被录用的销售员较高的底薪，以及一定比例的销售奖金。

当时，许多毕业生都尝试应聘这一职位。在众多报名的毕业生中，有一个长得不算太漂亮、脸上有些雀斑的女生。经初步面试，该女生和另外 4 名求职者一起进入了复试。

复试采用的是情景模拟演示法，即求职者扮演销售员，面试官扮演客户。“销售员”按常规流程向“客户”介绍完产品之后，“客户”突然问：“你说这个化妆品有祛斑养颜的作用，那你的脸上为什么还有这么多雀斑？”脸上有雀斑的那个“销售员”听了之后，先是一愣，接着笑了笑，说：“女士，您不知道，以前我脸上的雀斑比现在还要多，就是用了这个化妆品之后，雀斑才变得这么少的。”

“客户”听后满意地笑了。最后，那个脸上有雀斑的女生被录用了。

（资料来源：三茅人力资源网，有改动）

4. 人际交往能力

在面试过程中，面试官对人际交往能力的考查主要体现为让求职者在模拟的社交情景中扮演各种角色，测评其与人相处的能力。

（三）职业匹配度

1. 个性特征

个性并无好坏之分，但个性特征与职业类型的匹配度会对职业发展产生重要影响。霍兰德人职匹配理论认为，个体的人格类型与职业密切相关，每个人都有自己独特的人格类型和行为模式，每个人都可以找到适合自己的职业，当人格类型与职业相匹配时，个体可以调动工作热情，激发潜力，并提高职业满意度。因此，在面试过程中，面试官通常会对求职者的个性特征进行测评，以了解其人格类型，判断其人格类型与其应聘职位的匹配度。

2. 专业知识

有些招聘职位的专业性较强，因此在面试过程中，面试官往往会向求职者提一些专业方面的问题，以了解求职者所掌握的专业知识的深度和广度，测评其专业知识与技术水平是否符合职位要求。

3. 实践经验

在面试过程中，面试官通常会根据求职者的实践经历或工作经历进行提问，以核查求职者简历信息的真实性，并进一步了解求职者的相关能力及所获得的相关经验等。

4. 兴趣爱好

在面试过程中，面试官可能通过询问求职者在闲暇时间所参与的活动、阅读的书籍、观看的电影等，来了解求职者的兴趣爱好，以便更加全面地了解求职者的综合素养和能力，做好录用后的工作安排。

拓展阅读

15 个经典面试问题回答思路

面试过程中，面试官会向求职者发问，而求职者的回答将成为面试官考虑是否接受他的重要依据。对求职者而言，了解这些问题背后的用意至关重要。下面对面试中经常出现的一些典型问题进行了整理，并给出了相应的回答思路和参考答案。大学生无须过分关注分析的细节，关键是要从这些分析中“悟”出面试的规律及回答问题的思维方式，达到“活学活用”。

问题 1：“请你自我介绍一下。”

思路：这是面试的必考题目。① 介绍内容要与个人简历相一致。② 表达方式上尽量口语化。③ 要切中要害，不谈无关、无用的内容。④ 条理要清晰，层次要分明。⑤ 事先最好以文字的形式写好并背熟。

问题 2：“谈谈你的家庭情况。”

思路：家庭情况对于了解求职者的性格、观念、心态等有一定的作用，这是招聘单位问该问题的主要原因。① 简单地罗列家庭人口。② 宜强调温馨和睦的家庭氛围。③ 宜强调父母对自己教育的重视。④ 宜强调各位家庭成员的良好状况。⑤ 宜强调家庭成员对自己工作的支持。⑥ 宜强调自己对家庭的责任感。

问题 3：“你有什么业余爱好？”

思路：业余爱好能在一定程度上反映求职者的性格、观念、心态，这是招聘单位问该问题的主要原因。① 最好不要说自己没有业余爱好。② 最好不要说自己有哪些庸俗的、令人感觉不好的爱好。③ 最好不要说自己的爱好仅限于读书、听音乐、上网，否则可能令面试官怀疑求职者性格孤僻，最好能有一些户外的业余爱好来“点缀”你的形象。

问题 4：“你最崇拜谁？”

思路：最崇拜的人能在一定程度上反映求职者的性格、观念、心态，这是面试官问该问题的主要原因。① 不宜说自己谁都不崇拜。② 不宜说崇拜自己。③ 不宜说崇拜一个虚幻的或是不知名的人。④ 不宜说崇拜一个具有负面形象的人。⑤ 所崇拜的人最好与自己所应聘的工作能“搭”上关系。⑥ 最好说出自己所崇拜的人的哪些品质、哪些思想感染着自己、鼓舞着自己。

问题 5：“你的座右铭是什么？”

思路：座右铭能在一定程度上反映求职者的性格、观念、心态，这是面试官问这个问题的主要原因。① 不宜说那些易引起不好联想的座右铭。② 不宜说那些太抽象的座右铭。③ 不宜说太长的座右铭。④ 座右铭最好能反映出自己的某种优秀品质。

问题 6：“谈谈你的缺点。”

思路：① 不宜说自己没缺点。② 不宜把那些明显的优点说成缺点。③ 不宜说出严重影响所应聘工作的缺点。④ 不宜说出令人不放心、不舒服的缺点。⑤ 可以说出一些对于所应聘工作“无关紧要”的缺点，甚至是一些表面上看是缺点，从工作的角度看却是优点的缺点。

问题 7：“谈一谈你的一次失败经历。”

思路：① 不宜说自己没有失败的经历。② 不宜把那些明显的成功说成是失败。③ 不宜说出严重影响所应聘工作的失败经历。④ 所谈经历的结果应是失败的。⑤ 宜说明失败之前自己曾信心百倍、尽心尽力。⑥ 说明仅仅是由于外在客观原因导致失败。⑦ 失败后自己很快振作起来，以更加饱满的热情面对以后的工作。

问题 8：“你为什么选择我们公司？”

思路：面试官试图从中了解求职者求职的动机、愿望及对此项工作的态度，建议从行业、企业和岗位这 3 个角度来回答，如“我十分看好贵公司所在的行业，我认为贵公司十分重视人才，而且这项工作很适合我，相信自己一定能做好”。

问题 9：“对这项工作，你有哪些可预见的困难？”

思路：不宜直接说出具体的困难，否则可能令对方怀疑求职者能力不够。求职者可以尝试迂回战术，说出自己对困难所持有的态度，如“我认为工作中出现一些困难是正常的，也是难免的，但是只要有坚忍不拔的毅力、良好的合作精神以及事前周密而充分的准备，任何困难都是可以克服的”。

问题 10：“如果我录用你，你将怎样开展工作？”

思路：如果求职者对于应聘的职位缺乏足够的了解，最好不要直接说出自己开展工作的具体办法。求职者可以尝试采用迂回战术来回答，如“首先听取领导的指示和要求，然后就有关情况进行了解和熟悉，接下来制订一份近期的工作计划并报领导批准，最后根据计划开展工作”。

问题 11：“与上级意见不一致，你将怎么办？”

思路：一般可以回答“我会给上级以必要的解释和提醒，在这种情况下，我会服从上级的意见”。如果面试官是总经理，而求职者所应聘的职位另有一位经理，且这位经理当时不在场时，求职者可以回答，“对于非原则性问题，我会服从上级的意见。对于涉及公司利益的重大问题，我希望能向更高层领导反映”。

问题 12：“我们为什么要录用你？”

思路：① 求职者最好站在招聘单位的角度来回答。② 招聘单位一般会录用基本符合条件、对这份工作感兴趣、有足够信心的求职者。求职者可以这样回答，“我符合贵公司的招聘条件，凭我目前掌握的技能、高度的责任感和良好的适应能力及学习能力，完全能胜任这份工作。我十分希望能为贵公司服务，如果贵公司给我这个机会，我相信自己一定能成为贵公司的栋梁”。

问题 13：“你能为我们做什么？”

思路：① 基本原则上“投其所好”。② 回答这个问题前求职者最好能“先发制人”，了解招聘单位期待这个职位所能发挥的作用。③ 求职者可以根据自己的了解，结合自己在专业领域的优势来回答这个问题。

问题 14：“你是应届毕业生，缺乏经验，如何能胜任这项工作？”

思路：如果招聘单位对应届毕业生的求职者提出这个问题，说明招聘单位并不真正在乎“经验”，关键是看求职者怎样回答。对这个问题的回答最好要体现出求职者的诚恳、机智、果敢及敬业精神，如“作为应届毕业生，在工作经验方面的确会有所欠缺，因此在读书期间我一直利用各种机会在这个行业里做兼职。我也发现，实际工作远比书本知识丰富、复杂，但我有较强的责任心、适应能力和学习能力，而且比较勤奋，所以在兼职中均能圆满地完成各项工作，从中获取的经验也令我受益匪浅。请贵公司放心，学校所学及兼职的工作经验使我一定能胜任这个职位”。

问题 15：“你希望与什么样的上级共事？”

思路：通过求职者对上级的“希望”可以判断出求职者对自我要求的意识，这既是一个陷阱，又是一次机会。求职者最好回避对上级具体的希望，多谈对自己的要求，如“作为刚步入社会的新人，我应该多要求自己尽快熟悉环境、适应环境，而不应该对环境提出什么要求，只要能发挥我的专长就可以了”。

总而言之，同一个面试问题并非只有一个答案，而同一个答案并不是在任何面试场合都有效。回答问题的关键在于求职者对面试具体情况的把握，并有意识地揣摩面试官提出问题的心理背景等情况，然后投其所好。

（资料来源：网易网，有改动）

三、面试前的准备

古语云：“凡事预则立，不预则废。”面试前的准备相当重要，大致有以下几个方面。

（一）深入了解用人单位

俗话说：“知彼知己，百战不殆。”毕业生在面试前了解用人单位的情况是非常有必要

的。一般来说，毕业生可通过网站、杂志、报纸、新闻媒体的报道及用人单位的宣传资料等渠道来了解用人单位，其了解的具体内容包括用人单位的性质、规模、特色、组织机构、经济状况、发展前景和信誉状况，招聘职位的性质、工作内容、主要职责和任职要求，以及工作时间、薪酬福利、员工培训等。毕业生若事先对这些情况一无所知或知之甚少，则容易在面试时处于被动地位，也容易给用人单位留下不重视该面试的不良印象，从而影响面试成绩。

（二）认真准备材料

求职者在参加面试之前应准备好求职信、个人简历、成绩单及有关证书（原件和复印件）等材料。如果前往外资企业应聘，则最好采用中英文对照的形式制作求职信、个人简历等材料。即使已向用人单位发送过电子求职材料，面试时也应带上一份纸质求职材料，并将其装订成册，以便面试官翻阅。

（三）开展面试训练

刚毕业的大学生普遍缺乏面试经验，所以在面试前有必要进行一些面试技巧训练，包括训练答题思维，学习沉着应对与合理着装，练习礼仪举止等。毕业生可以通过参加学校组织的就业指导课或讲座、阅读面试方面的书籍、参与模拟面试活动等方式进行训练。

（四）准备自我介绍

如果用人单位没有明确规定自我介绍的时长，那么时长一般以 3 分钟左右为宜。自我介绍的时间分配如下：第 1 分钟谈个人基本情况；第 2 分钟谈工作经历，应届毕业生可谈相关的社会实践经历；第 3 分钟谈自己的职业理想和规划。

自我介绍的万能公式

自我介绍是向面试官推荐自己的一次宝贵机会，毕业生千万不要浪费这个机会。合理地安排自我介绍的时长，并突出重点内容，才能取得良好的介绍效果。

案例精选

3 分钟自我介绍

各位老师，早上好！我非常荣幸能参加这次面试。

我叫赵××，今年 24 岁，来自美丽的海滨城市——厦门。我是××大学汉语言文学专业的应届毕业生，应聘的职位是文秘。

大学期间，我系统地学习了专业知识，积极参加各种活动，自觉培养自己各方面的能力。

我活泼开朗，勤奋好学，在校期间，曾多次获得学校的奖学金。我是班级的宣传委员，曾多次组织班级和学院的公益活动，如青年志愿者活动、向孤儿院和敬老院献爱心活动等。通过组织这些活动，我既锻炼了自己的组织能力和人际关系处理能力，又积累了一些社会经验，为我走上工作岗位奠定了良好基础。

我兴趣广泛，喜欢计算机和篮球。在计算机方面，我已经拿到了全国计算机等级二级证书，还自学了网站设计方面的知识，为自己设计了个人主页。在篮球方面，我是校篮球队主力，多次代表学校参加篮球比赛，并取得了好成绩。

当然，我也非常清楚自己的缺点——性子急，总是想快点解决问题，所以有时候做事情会有些毛躁。“金无足赤，人无完人”，每个人都不可避免地存在这样或那样的缺点，但有缺点并不可怕，关键是如何看待自己的缺点。只有正视它的存在，并想办法克服它，不断完善自己，才能不断进步。

今后，我将更加严格地要求自己，努力工作，敢于拼搏，发扬优点，克服缺点。这次，我之所以选择文秘这个职位，是因为这个职位不但与我的专业相符，而且与我的个性匹配。我相信，这个职位能让我充分发挥自身才能，实现职业理想。我有信心也有能力做好这份工作，希望各位面试官能够给我一个展示才能的机会。

自我介绍完毕，谢谢！

（资料来源：三茅人力资源网，有改动）

（五）调整面试状态

1. 调整心情

在参加面试之前，求职者一定要适当放松并调节自己的生活节奏，保证充足的休息时间，以饱满的精神状态参加面试。

2. 整理物品

求职者应准备面试时所需要的服装、公文包、笔、记事本等物品。具体而言，着装应得体，展示专业而干练的形象；公文包应款式简约，且能平整地存放 A4 纸大小的文件；记事本可用于记录面试的时间、用人单位的名称、面试地址、联系人和联系方式，还可用于记录面试问题或答题思路等。此外，求职者还应准备好身份证、个人一寸照片等物品。

3. 准时到达

参加面试时，求职者最好提前 10 分钟到达面试地点，绝对不可以迟到。如果有意外

情况，则最好能在面试前通知用人单位，说明自己不能准时到达面试地点的原因。到达用人单位后，应礼貌地对待接待人员，按照接待人员的指示在规定的地点等候面试，不要随意走动。

4. 准备答题

准备答题主要包含两个方面：一是思考应如何回答面试官的提问，一定要针对面试官可能提出的问题做好充分的答题准备；二是思考应向面试官提出哪些问题、用哪种方式提出问题等。

四、面试中的礼仪

求职者的仪容仪表和言行举止往往会影响其留给面试官的第一印象。因此，在面试过程中，求职者在仪容仪表、言行举止方面应遵守以下礼仪规范。

（一）修饰仪容

面试前，求职者应整理仪容，保持头发整洁干净，不宜留怪异的发型，也不宜给头发染过于鲜艳的颜色。男士应确保头发的长短适中，即前不遮眉，侧不掩耳，后不及衣领；不可留鬓角、胡须，也不可留长发或剃光头。女士如果是短发，则不宜过短；如果是长发，则应将头发扎起来或盘起来，不应披头散发。此外，女士的刘海不宜遮挡眼睛。

求职者无论男女，都应保持面部清洁，眼角、鼻孔及耳部无分泌物，口腔无异味。面试之前，女士可化淡妆，以示尊重，不可浓妆艳抹，也不可使用气味浓烈的香水。

（二）注重着装

着装能够体现一个人的文化修养和审美情趣。求职者参加面试时应做到着装整洁、大方，确保服装适合面试场合，能展示良好的职业形象。在应聘不同职位时，求职者应根据所应聘职位的性质确定自己的穿着。例如，应聘教师等职位时应穿着大方、得体，应聘服装设计师等职位时应穿着时尚、个性，等等。

总而言之，大学毕业生应通过着装展示年轻而富有朝气的一面，以充满活力的青春形象示人。

（三）举止得体

举止是无声的语言，主要通过表情、姿势、动作等表现。它能够体现一个人的修养。面试时，求职者应注意以下举止礼仪。

1．敲门进入

求职者进入面试室前应轻轻敲门，得到许可后方可进入，不可直接推门而入。敲门时应力度适中，不可用力过大或过小。进入面试室时应体态端正、仪态大方，不可在进门前伸头张望。进门后，应转过身轻轻地关上门。

2．主动问候

求职者进入面试室后应主动向面试官行点头礼或鞠躬礼，并向其问好，如“上午好”“下午好”“各位考官好”等。若面试官没有主动伸手与自己握手，则求职者无须主动与之握手。进入面试室后，不能随便落座，应待面试官说“请坐”后再入座，并且应坐到面试官指定的座位上。

3．态度谦恭

求职者在回答面试问题时应精力集中、态度谦恭，给面试官留下诚恳、自信、乐观、不卑不亢的印象。同时，求职者应如实地回答面试官的提问，切忌含糊其词。

4．注重仪态

（1）坐姿。求职者落座后，应保持坐姿端正。正确的坐姿为坐满椅面的2/3，上身自然挺直并略向前倾，双脚、双膝并拢，双手自然放于腿上等。需要注意的是，不能坐满整个椅面，否则显得太随意；也不能坐在椅子边沿上，否则显得太过拘谨。

（2）眼神。合适的眼神既可以体现求职者的自信，又可以表达对面试官的尊重。因此，求职者与面试官交谈时，应自然地注视面试官，并且最好将目光集中在对方的眼睛与鼻子之间的三角区，切勿长时间直视对方的眼睛或躲避对方的目光。注视面试官时，每次的注视时长以15秒左右为宜，然后转而注视他处，间隔几秒之后再注视面试官。

（3）笑容。俗话说：“面带三分笑，礼数已先到。”微笑是最美的语言。求职者在面试过程中应保持自然的微笑，这样既能够适当地消除紧张感，又能够展现自己的自信，提升自己的形象，还能够促进沟通，拉近自己与面试官的心理距离。

（4）手势。在面试过程中，求职者可以适当地使用手势，但应确保手势得体、协调。手势并非多多益善，而应适量。手势过多、幅度过大或姿态不雅，会给人以张牙舞爪和缺乏修养之感。

5．注意聆听

在面试过程中，求职者一定要仔细聆听面试官的讲话并适时以“嗯”“对”“是的”“我想是的”等话语予以回应。这样能够给面试官留下良好的印象。聆听是有礼貌、有修养的表现，若随意打断面试官的讲话或抢着发言，则可能给面试官留下急躁、不够稳重、缺乏修养的不良印象。

6. 谈吐文雅

求职者与面试官交谈时应语言简洁、吐词清楚、条理清晰，还应多用敬语，如提到面试官时要用“您”，提到用人单位时要用“贵单位”等。

求职者与面试官交谈时应避免发生争论，不要抢话题，不要连珠炮似的发问，也不要乱开玩笑；当面试官谈兴正浓时，不要轻易地转移话题。在面试过程中，求职者可以真诚地表达自己的意愿，如“我渴望得到这份工作”等，然后运用恰当的语言说明自己能够胜任所应聘职位的理由。

需要注意的是，在交谈过程中不要过多地使用“呢”“啦”“吧”“啊”等语气词，也不要使用口头禅，否则会影响表达效果，并给面试官留下不良印象。

7. 适时告辞

当面试官示意面试结束时，求职者应微笑着起立，感谢用人单位给的这次面试机会，然后从容地走出房间，并轻轻地关上门。如果进入面试室时有人接待，则离开时应向其致谢，再告辞。

案例精选

礼貌的力量

应届毕业生小刘到一家公司面试，人事经理说话直率，没聊几句就以小刘经验不足为由回绝了他。面试完后，小刘十分礼貌地向人事经理告辞，说：“感谢您给了我这次面试的机会，只可惜我的能力不够，实在非常抱歉，我会记住您的忠告，并不断努力的。”随后，小刘礼貌大方地走出了面试房间。人事经理通过小刘最后的表现认为小刘综合素质不错，于是，决定给小刘一次参加复试的机会。小刘得知后，抓住了这次机会，在复试中表现较好，成功地被这家公司录用。

五、面试中的技巧

（一）充分展示自我

1. 谦虚谨慎

求职者在回答面试官的问题时，应当谦虚谨慎，切忌不懂装懂。如果有不明白的地方，则要虚心请教。如果不懂装懂，就容易贻笑大方，给面试官留下不好的印象。

面试中的 STAR 法则

2. 机智应变

面试时，求职者可能会遇到一些意外情况，如未听清问题、虽然听清了问题但自己一时不能作答、回答问题时出现错误等。求职者如果不能机智地应变，则可能会陷入尴尬的境地。遇到意外情况时，求职者可以使用以下技巧：未听清提问时，可以请求面试官重复一遍；一时回答不出问题时，可以请面试官先提下一个问题，等自己考虑成熟后再回答该问题；遇到偶然出现的错误时，不必耿耿于怀，否则会打乱后续的答题思路。正确的做法是求职者应稳住心态，继续作答。

案例精选

求职者机智应变，面试时脱颖而出

在面试过程中，面试官除了会按照正常流程考查求职者的专业能力和综合素养外，还会通过各种方式测试求职者的反应能力。这一环节对于求职者而言至关重要。求职者若回答得好，也许就能得到入职机会；若回答得不好，就容易错失机会。

某公司需要招聘 1 名行政助理，要求形象好、反应快。经过多轮激烈的竞争后，有 3 名求职者进入最终环节。面试官对 3 名求职者的个人情况进行了全面了解，随后进入综合考核阶段。

这次的面试官是公司的人力资源总监，女性，干练而不失温柔。她提了两个问题后，突然问道："假如，我裤子的拉链开了，你们会怎样提醒我？"这突如其来的问题，让 3 名求职者面面相觑。

第 1 名求职者是一名男生，他想了想，说："我特意观察了一下，您的裤子拉链没有开。所以您的这个假设并不成立。在工作中，我只会去做既成的事情，不会因一个假设而贸然去做没有意义的事情。何况，您这个尴尬的问题没有任何实际意义。"

第 2 名求职者是一名女生，她回答："我是女生。女生和女生之间说话比较方便，如果我发现您的裤子拉链开了，我会凑近您的耳边，悄悄告诉您。"

第 3 名求职者也是一名男生。他回答："如果真的遇到这种情况，我会以肚子不舒服为由向您打听洗手间在哪儿，并暂时请假去上洗手间。得到允许之后，我会小声和您说：'噢，对了，我女朋友有一条裤子和您的裤子是同款，那条裤子的拉链似乎做得不是很好，经常就自己裂开了。'然后，我起身去洗手间，以便给您腾出时间来把拉链拉上去。"

听完3名求职者的回答后，面试官对第3名求职者的回答表示赞赏，并当场录用了他。其实，面试官提出这样的问题，就是想考查求职者的灵活应变能力。显然，在这一点上，第3名求职者做得比其他两位求职者更好，所以他被录用了。

（资料来源：搜狐网，有改动）

3．扬长避短

每个人都有自己的长处和不足，无论是在性格上还是在专业上都是如此。求职者在面试时一定要注意扬己之长、避己之短。必要时，可以婉转地说明自己的长处和不足，并采用合适的方式弥补自己的不足。

4．展示潜能

面试的时间通常很有限，求职者不可能把自己的全部能力都展示出来，因此要抓住时机，巧妙地展示自身的潜能。例如，在应聘会计职位时，求职者可以说明自己正在用业余时间提升某项业务技能，让面试官知道求职者不仅熟练掌握了会计业务知识，而且具有掌握并应用某项会计业务技能的潜力。需要注意的是，展示自己的能力时要实事求是，否则可能会弄巧成拙。

（二）面试禁忌

在面试时，求职者应避免出现以下几种情况。

1．无故缺席

求职者接到面试通知后，如果不能参加，则应通知对方，婉转地拒绝。求职者如果无故缺席面试，则可能会给用人单位留下不好的印象，影响日后在这个行业中发展。

2．不守时

一定要守时。如果求职者在面试时迟到了，可能会让用人单位认为求职者不重视此次面试，从而导致面试失败。

3．穿着邋遢

干净、整洁、合体的穿着能给人留下好的印象。如果求职者在面试时穿着邋遢，不修边幅，就会给自己的形象扣分，从而降低面试的录取概率。

4．准备不充分

很多求职者收到面试通知后，只关注了面试时应该穿什么、带什么资料，却忽视了用人单位和应聘岗位的基本信息。在面试时，如果面试官提问关于这些信息的问题，求职者就容易答不上来，让自己尴尬。因此，求职者在面试前，应了解用人单位的经营范围、业务需求及应聘岗位的工作性质、工作内容等基本信息，以便在遇到此类问题时能够对答如流。

5. 伪装欺骗

诚实是基本的职业素养。如果求职者虚构个人资料，在面试的过程中谎话连篇、夸大自己的能力，即使能被用人单位录用，也会在工作中露出马脚。这样做，不但会给用人单位造成一定的损失，也会对自己的职业生涯产生不良影响。

6. 举止行为不当

如果求职者在面试时言行不雅、态度傲慢、肢体动作夸张，会给面试官一种不值得信任的感觉，从而影响面试官的判断。

六、面试后的努力

面试结束后，能否被录用尚为未知数，如果求职者能在用人单位做出最后的决定之前做一些努力，或许能改变自己的命运。

（一）复盘与反省

求职者在面试结束后要仔细回忆和分析面试情况，围绕下列问题复盘面试过程，并找出自己的不足之处，以便进一步完善面试对策。

（1）面试官的职位是什么？

（2）任职要求是什么？

（3）首要目标和最大的挑战是什么？能做好这份工作吗？

（4）哪些问题我没有回答好？为什么？

（5）和面试官最后几分钟谈话的内容是什么？

求职者围绕上述问题进行分析和总结后，若有机会，则应该虚心地向面试官请教自己有哪些不足之处，以便今后改进。这样，既可以给面试官留下良好的印象，也能让自己取得进步。

（二）与面试官保持联系

面试结束后，面试官可能会重新审视求职者的面试表现。因此，如果求职者在面试结束之后、用人单位做出决定之前再做些努力，或许能提高被录用的概率。

具体而言，求职者可以在面试结束后 24 小时内给用人单位写一封感谢信或邮件，再次表达自己的意愿。这样做，一是感谢对方给予面试机会；二是说明自己对本次面试留下了深刻的印象；三是再次表明自己对所应聘职位的强烈兴趣并表决心。面试后的感谢信或邮件可以使求职者引起面试官的注意，加深印象；还可让求职者对有关情况进行补充说明，澄清面试中可能存在的误解，消除面试官的疑虑。

求职者还可以在面试结束后 1 周内，主动给用人单位打电话询问面试结果。询问面试结果时，求职者可以表达自己对所应聘职位的热切向往，还可以对自己的求职材料进行补充说明。如果被告知自己未通过面试，则应礼貌地询问自己的不足之处，以便进行完善。需要注意的是，无论采取哪种方式与用人单位联系，都只需要表明自己的良好态度即可，切勿纠缠不休。

案例精选

最后一关

小王通过了某外企的 3 轮面试之后，招聘人员告诉他，只要人事经理签字，小王就能入职了。不巧的是，人事经理出差了，两天后才能回来，小王需要等待两天才能得知面试结果。随后，招聘人员将人事经理的电话号码留给了小王。可是两天后，小王并没有收到那家外企的录用通知。小王有些着急，经再三考虑，他忐忑不安地拨通了人事经理的电话。在电话里，人事经理明确地告诉小王他被录取了。入职后小王才得知，主动打电话给人事经理是该外企的最后一道考题，其原因是该外企想考察一下求职者对这份工作的重视程度。求职者主动打电话给人事经理，才是面试的最后一关。

实战演练

一、简历制作

在求职过程中，大学生除了不能用同一份简历去申请不同的职位之外，还需要注意在自己的求职简历中重点展示与所申请职位相关的信息，证明自己具备任职能力，并略去无关的信息，以便提高简历的通过概率。请立刻开始你的求职准备行动，针对自己比较感兴趣的两个职位，分别制作一份求职简历。

二、模拟笔试

以下是某集团公司的笔试试题，请你做一做。

（一）单项选择题（每小题 5 分，共 50 分）

（1）科学家发现大洋底部的裂陷从来没有停止过扩展，这个发现可能会解答一个曾引起人们关注的问题。地球每天的时间都比前一天延长 1/700 秒，即每过一年，一天要延长 0.5 秒，据此预测，再过 2 亿年，一年将只有 250 天了。对“一个曾引起人们关注的问题”的“解答”，最准确的是（ ）。

A．大洋底部裂陷扩展，地球运行时间延长

B．大洋底部裂陷扩展，地球运行时间缩短

C．大洋底部裂陷扩展，地球自转速度减慢

D．大洋底部裂陷扩展，地球自转速度加快

（2）从所给的 4 个选项中，选择最合适的一个填入括号处，使之呈现一定的规律性：2/3，1/2，2/5，1/3，2/7，（ ）。

A．1/4　　B．1/6　　C．2/11　　D．2/9

（3）将下列各项按正确顺序排序：① 会议已经开始；② 遇到熟人；③ 接到通知；④ 去参加会议；⑤ 谈了自己的看法。（ ）

A．③④②①⑤　　B．②③④①⑤

C．③②⑤①④　　D．④②③①⑤

（4）从所给的 4 个选项中，选择最合适的一个填入问号处，使之呈现一定的规律性。（ ）

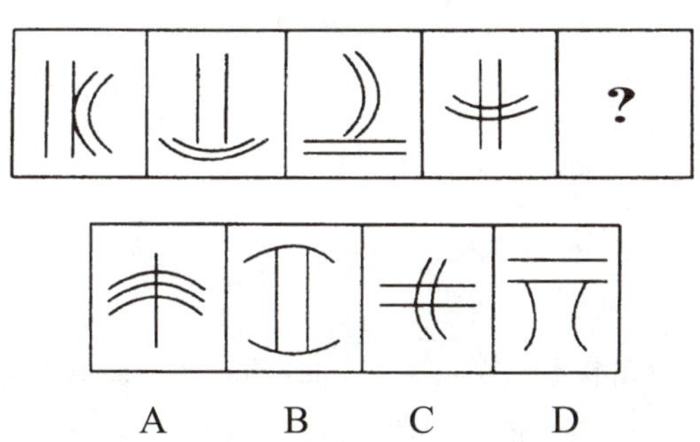

（5）在永恒“变化”的过程中，有的东西是要永恒坚持的，那就是学习方法论和颖悟性，还有“做人”。这段话主要支持了这样一种观点，即（ ）。

A．永恒变化着的某些东西需要永恒坚持

B．有些东西只有永恒地坚持，才会永恒“变化”

C．有些东西不应随着永恒的“变化”而丢弃

D．永恒的“变化”是绝对的，静止是相对的

（6）从所给的 4 个选项中，选择最合适的一个填入括号处，使之呈现一定的规律性：1，4，27，（　　），3125。

A．70　　　　B．184　　　　C．256　　　　D．351

（7）从所给的 4 个选项中，选择最合适的一个填入问号处，使之呈现一定的规律性。（　　）

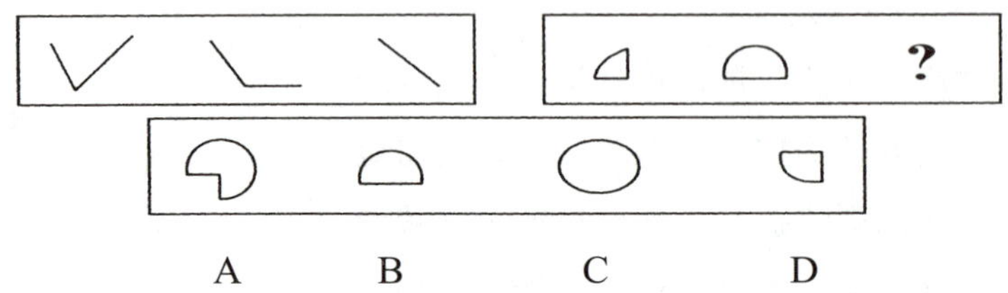

（8）真正的辩论与辩论比赛的不同在于：在前者中，辩论双方均站在自己真实的立场上进行表述；在后者中，角色是抽签决定的。这段话支持了这样一种观点，即（　　）。

A．真正的辩论是为了坚持观点，比赛是为了提高技巧

B．辩论比赛中的双方是通过抽签决定的

C．真正的辩论是为了坚持社会准则

D．在辩论比赛中，双方必须坚持自己个人的观点

（9）“这些像尘土一样卑微的人们，他们的身影出现在我的视线里，他们的精神沉淀在我的心灵里，他们常常让我感觉到这个平凡的世界是那么可爱，这个散淡的世界其实是那么默契，而看起来如草芥一样的生命种子，其实是那么坚韧和美丽。”最符合这段文字中心思想的是（　　）。

A．生命不平凡但美丽

B．生命因平凡而美丽

C．生命既平凡又美丽

D．生命的平凡和美丽

（10）世界食品需求能否保持平衡，一方面取决于人口和经济增长的速度。人口增长会导致食物摄取量的增加；另一方面，经济增长会促使畜产品消费增加，改变人们的食物结构，从而对全球的谷物需求产生影响。据此可知（　　）。

A．人口的增长将影响全球的谷物需求

B．改变食物结构将降低全球的谷物需求

C．经济的增长可降低全球谷物的需求

D．人口的增长会导致世界畜产品消费的增加

（二）英语题（每小题 10 分，共 20 分）

（1）How would you explain how to use the internet to your grandma?

（2）A customer brought in a product for repair on Monday. The customer was told that it was a simple repair, and would be ready by 3 p.m. on Tuesday. When the customer came in at 4 p.m.on Tuesday, the product had still not been repaired. The customer was very unhappy. As the service manager, how would you handle this situation?

（三）论述题（每小题 15 分，共 30 分）

（1）针对单位业务工作中出现的问题，你提出了一些很好的建议，得到了同事们的赞同，但你的领导并不满意。在这种情况下，你怎么办？

（2）领导安排一项任务交给你和你的一位同事去完成，在执行任务前，你和同事有不同的看法，但最终还是决定按照你的方法执行任务。在执行的过程中，你发现这个方法行不通，导致工作无法继续开展。这时，你该如何处理？

三、模拟面试

（一）面试情景模拟

全班学生分角色扮演求职者、面试官和招聘工作的相关人员，开展模拟面试活动，并拍摄相关视频。

（1）全班学生每 3～4 人为 1 组，各组设组长 1 名。各组参考以下资料设计面试情景，然后进行模拟训练。

情景 1：某公司招聘摄像人员 2 名，要求求职者能熟练操作常用摄像摄影设备，并且具备一定的影视后期剪辑技能。试用期一个月，月薪 5 000 元，单位可包食宿；转正后，月薪 8 500 元。

情景 2：某旅游公司招聘民宿管家 1 名，要求求职者具有专科及以上学历，酒店管理、旅游管理等相关专业者优先；具有良好的团队合作精神，待人接物落落大方，体贴周到，有爱心；认同民宿理念，喜爱山水生活，有茶艺、绘画、园艺等爱好更佳。薪资面谈。

情景 3：某公司招聘新媒体运营专员 1 名，该职位主要负责公司公众号等新媒体平台的推广与营销工作。要求求职者具有专科及以上学历，专业不限，有新媒体运营相关工作经验者优先。

（2）各组成员分角色扮演用人单位的行政专员、求职者、面试官、摄影人员等，各成员相互配合，共同完成模拟训练任务，各组组长负责组织协调小组成员的各项工作。

（3）各组成员按角色各司其职：① 用人单位的行政专员负责确定招聘需求，发布招聘信息，筛选求职简历，发送笔试通知和面试通知，等等；② 求职者根据招聘信息准备求职材料，投送求职简历，参加笔试和面试；③ 面试官确定面试形式（可选用任意面试形式）和面试内容，拟定面试试题，明确评价标准，并对求职者进行面试；④ 摄影记者对面试现场进行摄影、录像，并对获取的第一手资料进行剪辑（时长不超过 5 分钟）。

（4）模拟面试活动的时长限制在半小时以内。

（5）模拟面试活动结束后，由老师对各组成员的表现进行点评。

（二）面试形象设计

得体的面试形象能为求职者加分，也能让求职者更加自信。假设你要参加面试，你将如何修饰自己的仪表？又将如何着装呢？

全班学生每 5 人为 1 组，小组成员为自己设计形象，并讨论、交流下列问题。

（1）你选择的服装是否符合个人气质？应该怎样搭配？

（2）应聘不同职位时，应该怎样选用和搭配服装？

（3）如何根据自己的形象设计发型？

（4）女同学应该怎样化妆？

最后，确定最适合自己的形象设计方案，小组成员相互评价，并提出合理的建议。

（三）无领导小组面试训练

全班学生每 7 人为 1 组，模拟无领导小组面试，并从以下两个题目中任选 1 题作答。

题目 1

假如你是科学考察队队员，在原始森林进行科学考察的时候，突然遇到地震与外界失去联系。为了确保全体队员安全撤离，科学考察队需要减轻负重，扔掉一些物品。请你帮助科学考察队在下面的物品中挑选出需要保留的 5 件物品，并说明理由。

A．压缩饼干　　B．救生绳　　C．锋利的刀

D．便携式取暖器　　E．手枪　　F．1 罐脱水牛奶

G．太阳能发报机　　H．磁质指南针　　I．地图

J．白酒　　K．急救箱　　L．两个 100 毫升的汽油瓶

题目 2

对于成功而言，有人认为能力比机遇重要，有人认为机遇比能力重要。请你说一说自己的想法，并至少列举 5 个理由。

要求及流程如下。

（1）总时间为 40 分钟，不能超时。从开始审题到结束，没有任何时间提示，需要学生自行把握时间。

（2）审题 5 分钟：请认真阅读题目并独立思考。

（3）陈述观点 10 分钟：针对题目内容阐述自己的观点，每个小组成员不超过 1 分钟。

（4）自由讨论 20 分钟：小组自由讨论，不限定发言人和发言时间。小组成员应自己争取更多的发言机会。

（5）总结陈述 5 分钟：每个小组选派 1 名代表进行总结陈述。

（6）讨论现场需要录制视频并提交给老师。活动结束后，由老师对各组成员的表现进行点评。

项目七

不忘初心，怀梦笃行——就业心理与就业观

学习目标

知识目标

- 了解大学生就业心理的特点。
- 熟悉常见的大学生就业心理偏差，掌握不良求职心理的调适方法。
- 了解大学生就业观的常见误区。

能力目标

- 能够准确分析自己的求职心理，并采用合适的方法调适不良求职心理，缓解心理压力。
- 能用正确的就业观指导自己的求职活动。

素质目标

- 培养积极的心态和健全的人格。
- 增强忧患意识和竞争意识，树立正确的就业观。

引导案例——树立自信，直面挫折

小周是某高校的应届毕业生，他学习成绩较好，连年获得学校的奖学金，还获得过国家奖学金。毕业前，小周与同学一起参加了几次招聘会，眼看同学在就业方面一个个“名花有主”，而他这个“优等生”不但没有落实用人单位，还被一些用人单位冷眼相待，这让他感到非常难过。

为什么会出现如此局面呢？小周经过分析，自认为找到了原因，比如，他个子矮、长相不佳、性格内向、不善言辞等。总之，他认为自己除了学习成绩好之外，再也没有其他优势了。为此，他感到对不起含辛茹苦的父母，自卑感油然而生，害怕再去人才市场。自此，他没再迈出校门，多数时间在宿舍睡觉或上网玩游戏。

小周因为学习成绩好，起初对自己找工作的事是满怀信心的，但随着求职的屡次失败，他开始找自身的原因，放大了自身的不足之处，从而产生了强烈的自卑感，甚至产生了就业心理偏差。究其原因，就是小周对自己缺乏全面、客观的认识，也没有树立正确的就业观。对大学生来说，调整择业心态，做好充分的心理准备，勇敢地迎接挑战，在就业过程中是非常重要的。

探索一 了解就业心理

就业心理是指在就业过程中，人们在注意力、兴趣、动机、情感和意志等方面所表现出来的各种倾向性和能动性。就业是大学生人生道路的重要转折。在毕业前做好充分的心理准备，注重就业心理的调适，对大学生就业是很有必要的。良好的就业心理是大学生就业时必备的就业素质。

一、大学生就业心理的特点

大学生就业心理目前存在以下特点。

（1）成就动机水平高，但缺乏对现实的客观认识。成就动机就是想把事情做好的动力，它与个体对自己的高要求、高标准有很大关系。很多大学生有着强烈的成就动机，他们希望自己能够把事情做好，希望通过自己的努力赢得别人对自己的尊重，取得相应的社会地位并实现自己的人生价值。由于大学生与社会接触不多，尽管有较高的人生抱负，但

是对社会的了解和认知不够，初入社会时存在一定的畏惧心理，不愿意去面对复杂的社会现实。

（2）择业期望值高，但缺乏信心和竞争力。很多大学生认为自己从象牙塔里出来后就是社会的栋梁了。在这种观念的影响下，不少大学生对自己持有特别高的期望值，希望自己能够找到一个非常好的工作平台，以实现自己的抱负。但是，真正走上工作岗位之后，他们才发现自己的素质和能力与现实要求存在明显的差距，这时就容易变得缺乏信心。

（3）实现自身价值的愿望强烈，但缺乏艰苦奋斗的心理准备。随着社会的不断发展，实现自身价值的渠道越来越多元化，就业市场的竞争也越来越激烈。在激烈的市场竞争条件下，大学生要想实现自己的人生价值，就必须做好吃苦耐劳、艰苦奋斗的心理准备。然而，一些大学生恰恰缺乏这种心理准备，其一开始的雄心壮志很容易被现实摧毁，从而产生不良就业心理。

二、常见的大学生就业心理偏差及其调试

近年来，就业难度的日趋增大和就业矛盾的日益突出，给很多大学生带来了巨大的心理压力。大多数大学生能够正确地认识就业形势，积极地调整就业心态，但也有一部分大学生在就业过程中产生了一些不良心理。大学生常见的不良心理有以下几种。

毕业生就业心理的自我调试

（一）焦虑心理

焦虑是一种紧张不安或恐惧的心理状态，常常表现为忧心忡忡、烦躁不安、意志消沉、彻夜难眠，甚至反应迟钝。大学生产生焦虑心理的原因主要有以下几点。

（1）对现实社会缺乏理性认识，在步入社会前产生心理恐惧。

（2）缺乏充分的就业准备，面对就业选择时犹豫不决、瞻前顾后。

（3）缺乏求职择业的方法和技巧，始终不能顺利就业，因择业受挫而焦虑。过度焦虑会对大学毕业生求职择业产生消极影响，严重时可能影响大学生正常的学习和生活。

要想克服焦虑心理，不畏艰险地勇往直前，大学生就必须增强竞争意识，摒弃事事求稳、求顺的想法，接受求职是一个优胜劣汰的过程的现实。

拓展阅读

肌肉张弛放松训练

肌肉张弛放松训练可缓解或消除由心理问题引发的各种不良反应，如焦虑、紧张、恐惧、入眠困难等，进而恢复到心理平衡状态。另外，在应聘前产生紧张感或恐惧感时，大学生也可通过深呼吸或肌肉张弛训练来转移注意力，以调适不良心理。

大学生可以取舒适体位坐好或躺好，按照下列步骤开始训练。

第 1 步：深呼吸。请深吸一口气，然后慢慢地呼出。如此反复练习。

第 2 步：提眉。尽量提眉，然后放松身心，用心体会放松的感觉。

第 3 步：紧闭双眼，咬紧牙关，放松身心。

第 4 步：低头和仰头。尽量低头，将下颌抵住胸口，然后放松；头尽量向后仰，然后放松。

第 5 步：缩肩和耸肩。双肩向前，向胸部靠拢，然后放松；双肩向后，挺胸，然后放松；最后将双肩耸起，然后放松。

第 6 步：紧握拳头，然后放松。

第 7 步：提肋。深吸一口气，感受肋骨上提、膈肌下移、胸腔扩大的过程，然后呼气放松。

第 8 步：收腹，放松全身肌肉。

第 9 步：绷紧腿部肌肉，然后放松。

第 10 步：翘足。尽量将脚尖抬起，然后放松。

第 11 步：全身肌肉放松，体验放松的感觉。

（资料来源：搜狐网，有改动）

（二）攀比心理

一些大学生争强好胜，虚荣心较强，对自身特点和能力水平缺乏客观、正确的认识，在求职择业过程中不从自身实际出发，盲目地与他人攀比，总想找到一份超越他人的十全十美的工作。例如，一些大学生总是有“我不能比别人差”“我不能不如他人”“过去我一切顺利，现在我依然会顺利”等想法，他们以自己的同学去了知名度高、效益好的单位为标准来评价自己的就业选择，进而在择业时追求“三高”（即起点高、薪水高、职位高）等。攀比心理往往导致大学生迟迟不愿签约，从而错过许多良好的就业机会。

要想克服攀比心理，大学生必须认识到每个人的成长背景、性格特质、能力水平、就业期望、人生机遇等都是不尽相同的，因而不同的人在求职择业方面不具有可比性。在此认知基础上，大学生应当全面、客观地评价自己，明确自己想做什么和能做什么，并正确地认识所面临的就业形势，了解社会需要自己做什么，进而确定自己的就业方向和目标。

案例精选

攀比心理丧失机会

小林是某校计算机专业的应届毕业生。他收到了两家公司的录用邀请：一家是当地有名的房地产公司，试用期工资为每月 4 000 元，转正后每月基本工资为 5 500 元；另一家是软件开发公司，名气不大，位于远郊，交通不太方便，试用期工资为每月 4 500 元，转正后每月基本工资为 5 000 元。两家公司都承诺，除了基本工资外，小林每月可以根据个人的工作业绩获得一定的提成和奖金。

小林正在两家公司之间犹豫时，发现同学小孟已经和一家软件公司签约了，基本工资为 6 000 元，这让小孟觉得，凭借自己的学历和专业水平，他一定能去一家更好的公司。于是，他果断地拒绝了那两家公司的邀请，继续投入了就业大军。可是，小林的要求过高，他想去的福利好、工资高的公司竞争非常激烈，他都面试失败了。

（三）抑郁心理

在就业竞争越来越激烈的形势下，一些大学生在求职择业过程中屡受挫折，自信心受到沉重的打击，进而陷入负面情绪的漩涡，久而久之便产生了抑郁心理。处于抑郁状态的大学生常常表现为信心不足、情绪低落、过度敏感，在生活中遇到不顺心的事时，就会陷入愤怒、伤心、激动等负面情绪而无法自拔，严重时甚至会放弃一切积极的求职努力，拒绝与外界接触。有严重抑郁心理的人，其精神面貌和身体状况都会受到较大的影响。

要想克服抑郁心理，大学生首先应该正视现实，正视自己，降低自己的就业期望值，同时提升自己的抗挫折能力。

（四）自负心理

一些大学生自负心理较强，对自己的评价过高，认为自己成绩优异、各方面条件都不错，理应获得一份福利好、收入高的工作。因此，他们即使找不到合适的单位，也不肯降低就业期望值，常常错失良机。

克服自负心理的关键在于正确地认识和评价自我。大学生可以从以下 3 个方面入手来消除自负心理：一是将自己与榜样人物进行对比，发现自身存在的不足；二是自我静思，即自我反省，通过反省，明确自己的优势和劣势，知道自己最适合干什么工作；三是心理测验，根据自己的需要选择质量可靠的心理测验，如能力测验、性格测验、兴趣测验等，对自己的能力倾向、性格和兴趣进行客观评估，以帮助自己客观地认识和评价自己。

案例精选

自负错失良机

小强是经贸专业的高材生，年年都得到一等奖学金，参加过英语演讲比赛，也获得了不错的名次。他认定自己要进像某大型国际贸易公司那样的知名度高、工作环境好、待遇高的单位。但是，他给那家大型国际贸易公司投的简历却如石沉大海，一点消息也没有。无奈之下，小强向一家工艺品外贸公司投了简历，顺利地参加并通过了面试。可是，小强觉得这家工艺品外贸公司规模太小，给自己的职位只是一个普通的职员，不符合自己的就业期望值。他觉得凭借良好的成绩和扎实的专业基本功，自己一定能去一家更好的公司，于是便放弃了这份工作。在这种心态下，小强收到了好几家公司的录用通知，都被他以待遇不高、职位不高等理由拒绝了。毕业后，班上的大部分同学都已经签了就业协议，而小强还在忙碌地找工作……

（五）自卑心理

自卑心理主要表现为个体对自身的素质和就业竞争能力的评价过低。一些大学生虽然具备一定的实力和优势，但其自卑心理较强，缺乏自信心和竞争的勇气，既不敢主动向用人单位推销自己，也不敢主动参与就业竞争，从而陷入不战自败的困境之中。他们缺乏心理承受能力，在求职择业过程中遭受挫折时往往容易失去信心，进而更加自卑。

大学生可以从以下 3 个方面入手来消除自卑心理：首先，正确地评价自己，纠正过低的自我评价；其次，正确看待自己的缺点和不足，并积极进行完善；再次，通过积极的心理暗示增强自信心。

案例精选

自卑心理导致屡次择业失败

毕业生小刘学习成绩和其他条件都不错，在就业初期满怀信心。但由于所学专业是冷门专业，她应聘了好几家单位都碰了壁，久而久之便产生了自卑心理。这让她在后来的就业过程中表现越来越差，陷入恶性循环而不能自拔，以至于在应聘时总是十分卑微地问对方“请问需要某专业的毕业生吗？”，而不敢在面试官面前充分展示自己。就这样，小刘越胆小怕事、畏缩不前，越是发挥不好，从而无法获得用人单位的好感。就这样，小刘求职屡遭失败。

小刘的失败是自卑心理导致的。她在择业时缺乏主动争取和抓住机遇的心理准备，在遭受多次挫折后一蹶不振，对自己评价过低，丧失了应有的自信心，最终陷入困局。

（六）偏执心理

在求职择业过程中，偏执心理主要表现为过分执着地追求公平就业、高标准择业和专业对口。在就业过程中，一些大学生将一切就业问题归结于就业市场不公平，进而产生心理阴影；一些大学生不愿意及时调整就业目标或降低就业期望值，从而陷入就业困境；一些大学生不考虑社会需求，无视专业的适应性，片面地追求专业对口，认为不能从事与本专业相关的工作就不能签约，因而错失了很多就业机会。

克服偏执心理最根本的方法就是接受客观现实，调整就业期望值。大学生在择业时要看得长远一些，学会规划自己的职业生涯。如果在当前获得一个理想职业的时机还不成熟，则可以“先就业，后择业”。

（七）依赖心理

在就业过程中，依赖心理主要表现为求职择业时缺乏独立意识和自主承担责任的意识，习惯于依赖他人。依赖心理的产生，主要是因为个体独立决策能力不强，缺乏进取精神。一些大学生在求职择业过程中有较强的依赖心理，他们逃避就业，有“等”“靠”“要”的依赖思想，总想依赖家人通融社会关系，试图通过“走关系”实现就业；总念着“车到山前必有路”，幻想着“天上掉馅儿饼”，依赖老师、学校送工作上门，试图坐等就业；即便有选择就业岗位的机会，也要向千里之外的家长寻求决策帮助，或者做决策时瞻前顾后，拿不定主意，以致贻误择业时机。

依赖心理会使大学生逐渐丧失自信、失去自我，使大学生不相信能够通过自己的努力实现自己的目标。要想克服依赖心理，大学生首先应充分认识到依赖心理的危害，提高自己的动手能力，不要什么事情都依赖他人，确保自己能做的事一定由自己做，自己没做过的事由自己尝试着去做，通过不断积累的成功经验来强化自己动手的习惯。

（八）从众心理

一些大学生自我定位不够准确，对自己所学专业缺乏深入的了解，对专业的社会需求分析得不透彻，并且缺乏一定的决断力。在这种情况下，他们在求职择业过程中很容易产生从众心理，常常选择追随他人的脚步，只要是社会上受追捧的职业，无论是否适合自己，是否与自己的专业相关，都竭力去争取。很多大学生因为这种从众心理而错失了良好的就业机会。

要想从根本上克服就业过程中的从众心理，大学生必须客观地认识自我，了解自己的价值观，弄清自己的优势和劣势，摆正自己的位置，根据自己的实际情况做出就业选择，避免盲目地随大流。

三、大学生就业心理准备

（一）转换角色，做好心理准备

大学生活即将结束，大学生也将由“天之骄子”转变为初入社会的求职者或职业人，这种身份的转变就是所谓的角色转换。大学毕业生应抛弃幻想，认识严酷的社会现实，及时地进行角色调整，做好应对激烈竞争的心理准备。

（二）客观自评，全面认识自我

每个人都有自己特定的气质、性格、兴趣、爱好、能力和特长，不同个体之间总是存在着差异。这些差异决定了不同个体的职业和职业发展方向有所不同。所以，全面地了解自己、客观地评价自己是顺利就业的重要前提。

大学生要想客观地认识自己，可以运用心理测评工具进行心理测量，还可以通过与老师、家长、同学进行交流，了解他们对自己的客观评价。此外，大学生还应了解自己适合干什么工作、自己在什么样的环境中能够发挥最大潜能等。总之，作为一名求职者，大学毕业生应客观自评，并在此基础上扬长避短，做出适合自己的择业决策。

（三）认识职业，拓宽就业渠道

俗话说：“三百六十行，行行出状元。”职业没有高低贵贱之分，大学毕业生最好不要将自己的职业选择限定在某个范围内，而应根据社会需要和自身特点，拓宽就业渠道，多考虑职业对自我发展的长远影响，从而选择适合自己的职业。

（四）积极竞争，坦然面对失败

大学生就业的双向选择制度给大学生和用人单位提供了相互挑选的机会。在求职择业

过程中，肯定会出现多名大学生竞聘同一个职位、一些大学生竞聘失败的情况。这些都是非常正常的现象，大学生应当正确地认识竞争，增强参与竞争的信心和勇气，在求职择业时珍惜每一次机会，积极地参与竞争，不怕困难与挫折，并坦然地面对成功与失败。

案例精选

应届毕业生求职：一场与不确定性对抗的心理战

某高校应届毕业生贾某求职成功之后，回顾了自己在求职过程中的整个心理历程，并进行了自我反思和总结。纵观小贾长达 8 个月的求职之路，虽称不上多么惊心动魄、跌宕起伏，但她一路磕磕绊绊地走来，遇到的坎儿还真不少。

首先，职业方向的选择是一个绕不开的坎儿。小贾的父母在她耳旁不停地念叨："你选择的那个职业太辛苦！女孩子找个稳定的、能解决户口问题的工作最重要。"当不得不与家人的期待"对抗"时，坚持就变成了一件更艰辛的事情。小贾常常会在某些瞬间自我怀疑："不听老人言，吃亏在眼前"难道是真的？我真的适合自己所选择的职业吗？

经过多方咨询、多次对比，小贾坚持了本心。由于目标行业招聘会的举办时间较晚且进程缓慢，同时为避免"把鸡蛋放在同一个篮子里"，小贾在秋招阶段"海投"了很多其他行业的企业职位，还着手准备了国考。由于招聘单位的情况纷繁复杂，小贾便专门新建了一个 excel 表格，上面细细列出了目标单位、招聘链接、截止时间、投递情况、后续进展等条目。她按表格所列的条目随时跟进应聘情况，不知不觉就积累了近 50 条信息。

后续复盘时，小贾才发现，通过"以考代练"取得的收获与前期的付出并不对等。她为了"兜底"而前去应聘那些未经严格筛选的职位，对提升自己的应考能力的帮助不大，而且自己还要付出来回奔波的时间成本；通过了某些职位的招聘考试之后，自己并不会前去就职，反而会耽误自己为心仪单位的招聘考试做准备的时间。事实证明，求职定位清晰，有的放矢，才能避免事倍功半。

确定了求职目标之后，另一个坎儿便出现了——两个心仪单位的考试时间安排发生冲突。其中一个单位是行业标杆，各名校毕业生蜂拥而至，竞争激烈；另一个单位声名不显，但待遇不错且考试难度相对较低。是为理想放手一搏，还是认清自身实力选择保底？小贾细细分析了两个选择的利弊，却依旧难以做出选择。冲突除了考验一个人抉择与放弃的能力外，还逼迫人思考一个问题："你能否为自己的选择负责？"

除了上述各种情况以外，还有一些“不可控”因素。用人单位在一周前发出线下考试公告，一周后可能又宣布考试延迟，这给求职者的应聘安排和心理调节都带来了不小的挑战。有些单位开发出相对成熟的线上考试系统，需要求职者先参加线上考试，但这个考试漏洞也不少。例如，某单位要求必须用安装了特定系统的手机或计算机方可运行考试软件，为此，小贾只能连夜网购一个新手机；某在线考试网站负载过大，考生做题 3 秒钟，刷新 5 分钟，系统卡得令人崩溃，这使得用人单位不得不择期重新组织笔试；在一次远程面试过程中，面试官突然听不见小贾说话，小贾不得不临时转移到手机上并重新面试……

说到底，求职是一场与未来的不确定性进行对抗的心理战。当周围同学喜报频传时，小贾内心多多少少会产生压力。深夜辗转时，她总觉得心里有一根弦绷得紧紧的，在没拿到保底录用通知书之前，未来会去往何方？能否拿到心仪单位的录用通知书？其他就业机会是否会更好……种种矛盾与迷茫，都容易在某个不经意的时间点汇成激流汹涌而至。

求职是一场持久战。在经历过各式各样大大小小的招聘之后，小贾最终收获了心仪单位的录用通知书。说一句很老生常谈的话：“求职时迈过的那些坎儿，都是未来回望人生轨迹时值得反复咀嚼的经历。”在求职这场战役中，大学生应相信，对于勤奋耕耘的求职者而言，放平心态，戒骄戒躁，心仪的“面包”早晚会有的。

（资料来源：人民网，有改动）

（五）理性认知，调整就业期望

美国临床心理学家埃利斯提出的理性情绪疗法认为，情绪困扰并非由诱发事件直接引起，而是由经历者对事件的非理性认知引起的，如果将非理性认知变为理性认知，就可消除情绪困扰。例如，一些大学生认为“大学生就业应该是顺利而理想的”，这种观念可能导致其在就业过程中遭遇挫折时消沉苦闷或怨天尤人，产生不良情绪，进而引发心理问题。

大多数大学毕业生是怀着对未来的美好期望离开学校并走上工作岗位的。一帆风顺的成长历程可能使一些大学毕业生设定较高的就业期望值，并梦想着在社会这个大舞台上一展身手，实现自己的人生价值。但由于职业意识的缺乏和职业能力的不足，一些大学生可能会在就业过程中遭遇挫折，从而陷入情绪困扰。这时，大学生就需要学会理性地认识就业，正视理想与现实之间的差距，调整自己的就业期望值，用平和的心态来面对求职过程。

课堂互动

请你结合实际情况，谈谈如何保持积极、健康的就业心理。

探索二 树立正确的就业观

一、就业观的概念

就业观是指人们对职业理想、就业动机、就业标准的根本观点和看法。它是就业者的世界观、人生观、价值观在就业问题上的集中反映。

就业观是大学生走向就业市场的思想先导，它支配着大学生择业的方向、定位和抉择。因此，大学生需要树立正确的就业观，以便在就业时做出理性、合适的选择。

二、树立正确的就业观

树立正确的就业观有利于大学生在就业时做出理性、合适的选择。要想树立正确的就业观，大学生应该从以下几个方面做起。

那些反复强调的就业观

（一）心系社会，勇担建设祖国重任

大学生是最有朝气、最有干劲的社会主义事业建设者和接班人，是建设祖国的生力军。在选择职业时，大学生首先应认识到自己是社会的一分子，自己的人生价值是社会价值和自我价值的统一，进而从国家发展大局和社会需要出发，确定就业方向。其次，还应认识到，个人对社会的付出越多，回报就越多；贡献越大，人生就越有价值。

当代大学生在储备知识、锻炼能力的同时，还要树立爱岗敬业、服务社会的就业观。在确立职业理想时，既要着眼于当前，又要考虑长远，将爱国情感、社会责任感、民族精神融入职业理想，力求实现个人价值和社会价值的完美统一。

砥节砺行

青年强，则国家强。党的二十大报告指出，当代中国青年生逢其时，施展才干的舞台无比广阔，实现梦想的前景无比光明。当代大学生应充分响应国家号召，树立终身学习的理念，积极学习就业的相关知识，提升自身的技能水平和能力素质，将自己的职业理想与为祖国、社会、人民服务联系起来，为我国实现全面建设社会主义现代化国家的战略要求做出自己的贡献。

（二）找准定位，适时调整就业期望

当前，大学生就业形势不容乐观。大学生要想顺利就业，首先应纠正非机关单位、国企不进的旧观念，把心态放平；其次，应开阔眼界，客观地分析人才市场，找准自己的职业定位，进而适时调整自己的择业方向和择业目标，必要时适当降低就业期望值，做到“先就业，后择业”，把握就业机遇，避免陷入高不成、低不就的局面。

（三）重视锻炼，增强职业发展后劲

很多大学生都有远大的职业理想和抱负，也有很强的“精英情结”，但如果自身主观期望和客观现实之间的差距过大，则自己就业的难度就会增加。为了避免发生这种情况，大学生首先应该充分把握在校的实习机会，广泛地接触社会，努力、大胆地尝试与专业相关的职业，以便提前了解社会的方方面面，积累实践经验，进而找准自己的职业定位；其次，应多了解相关职位的任职要求，在实践中积极锻炼自己的职业技能，积累工作经验，不断发掘自己的发展潜力，以便增强自己的职业发展后劲。

（四）心态清零，坦然面对就业压力

就业市场上充满了竞争，大学生就业通常不会一帆风顺。因此，大学生在求职择业过程中一定要把心态清零，全面地审视自己，客观、准确地评价自己的专业能力，评估自己适合做什么、有多大的发展潜能，并保持积极的就业心态，发挥求真务实的精神，主动适应就业形势，及时调整就业策略，踏实地走好每一步。

（五）拓宽视野，切勿片面追求对口

在就业市场上，除了部分专业性、技术性较强的职位外，很多职位并不一味地强调专业对口。因此，大学生在求职择业时可以拓宽视野，根据自身的性格特质、兴趣、专长等确定择业方向，而不要局限于自己的专业。当然，在步入职场之前，大学生应当认真学习专业知识，注意培养自己的思维方式、发现问题和解决问题的能力，为从事相关职业做好准备。

（六）面向基层，响应国家就业政策

国家的西部大开发战略为西部的发展创造了难得的机遇，西部地区、各地基层单位为了吸引人才，实施了各种有效措施，为大学毕业生提供了很多优惠条件。此外，国家为了实现经济协调发展，在政策、物力、财力上都给予西部及基层极大的支持。大学生到西部或各地基层就业，不仅锻炼了自己的各方面的能力，找到了职业发展的新路，还能为我国的社会主义现代化事业做出贡献。

榜样力量

青春做伴，西部放歌——走近扎根西部建设边疆的大学生们

“在新疆扎根是我一生中最坚定的选择。”来自青岛的丁贵阳这样说。这个毕业季，中国石油大学（北京）克拉玛依校区的丁贵阳和117名同学一起，决定留在新疆、建设新疆。

丁贵阳说，对于资源勘查工程专业的学生来说，地质构造复杂的新疆大地是最好的实践场。“留在新疆，为国家探矿，为祖国献石油。我愿意担负起这一光荣使命。”

西部艰苦，西部同样大有可为。因为理想、因为牵挂、因为想把自己奉献给让老百姓幸福的事业，辽阔神秘的西部，成为越来越多有志青年的择业选择。

马立多年前就有一个支援西藏的梦。2014年，马立从太原师范学院毕业后，毅然参加“西部计划”，来到雪域高原。两年志愿时间，他与农牧民同吃同住，发起多项公益活动。其中，他发起成立的“拉萨市林周县爱心中转站”，共计发放衣物百万余件，与30余名孩子进行了一对一的爱心帮扶。

两年期满，马立做出决定，扎根西藏。“我和当地农牧民百姓已经建立了深厚的友谊。如果我一走了之，那么我的工作不就归零了吗？”如今，马立已成为拉萨市林周县阿朗乡人民政府的工作人员。阿朗乡曾经是孔繁森同志奋斗过的地方，这让马立倍感荣耀。

扎根西藏的不止是马立一个人。数据显示，“三支一扶”计划自2006年实施以来，已累计选派43.1万名高校毕业生到基层服务。

对于很多高校毕业生来说，选择西部，意味着选择了远方。而对于另一些家在西部的大学生来说，到西部基层去，则是走出重重高山后的回归。

毕业于中国科学院北京纳米能源与系统研究所的工学博士赵坤，2018年毕业后选择回到了家乡甘肃，现已成为兰州理工大学青年科研骨干。“假如我们自己都不愿意回来，别人就更不愿意来了。”赵坤说，“对于我来说，放弃待遇和环境更好的东部，回到西部，回到家乡，才是最正确和无悔的选择。”

来到、留下、扎根，高校毕业生们正为西部建设注入不竭力量。“这些大学生的到来，为基层补充了大批急需人才，有效缓解了当地人才短缺现状，为当地提供了重要的人力资源和建设力量。”共青团西藏自治区委员会权益志工部刘传磊说。

（资料来源：新华网，有改动）

（七）锐意进取，做好自主创业准备

在严峻的就业形势下，开辟新的就业渠道，走自主创业之路，是当前大学生就业的新思路。大学生应该树立创业意识，充分发挥自己的潜能，用自己的聪明才智开拓新的领域，创造就业岗位，开创自己的事业。

创业探索的道路不可能一帆风顺。在遇到挫折和困难时，大学生要灵活地调整自己的策略，不要轻易放弃、轻易言败。创业比想象的要辛苦得多，但欢乐与收获也正在其中，人生的价值也可以通过创业来实现。

砥节砺行

党的二十大报告指出，我国要“坚持和完善社会主义基本经济制度，毫不动摇巩固和发展公有制经济，毫不动摇鼓励、支持、引导非公有制经济发展，充分发挥市场在资源配置中的决定性作用，更好发挥政府作用”。为了积极推进中国式现代化，推进大众创业、万众创新，我国将向新兴领域、乡村振兴方面重点推进，并建设多层次的创业支持体系，从政策导向、金融投资、基础设施建设、创业教育等方面为创业活动打造积极的环境，从而推动经济结构战略性调整。

一系列的政策举措为大学生创业提供了良好的条件。大学生作为大众创业、万众创新的主力军，应勇担科教兴国使命，追逐科技强国梦想，积极学习创业知识，拓展知识领域，以诚朴之心创雄伟之业，以励学之风开敦行之路，开拓进取、真抓实干，与全国人民一起追求实现中华民族伟大复兴的中国梦。

实战演练

一、就业心理分析

请你分析下面 3 名同学的就业心理，并与同学交流和讨论这 3 名同学的就业心理需要如何调试，然后将讨论结果整理成书面材料在全班分享。

A 同学：“他的成绩比不上我，参加的实践活动也没我多，居然签到一个好单位，我一定不能比他差！”

B 同学：“找工作靠关系，其他的都不重要。”

C 同学："给三四个单位投了简历，但都没有回音。唉，受到打击了，不想找工作了。"

二、大学生就业观念调查

请你按照要求完成调查。

调查目的：了解当代大学生对当前就业形势和现存就业问题的看法；了解就业形势，树立正确的就业观。

样本规模：随机抽取 200 名来自不同学院、不同专业的大学生。预计回收样本 180 份左右，有效样本 170 份左右。

问卷设计：主要从就业方向、就业形势、就业困难、大学生的就业态度（如对就业形势的看法、对用人单位的选择、对自身素质的要求、对就业期望值的确定、对职业技能的提升等）等方面来设计问卷，进而开展调查活动。

调查安排：整个调查活动分为准备阶段（3 日）、调查阶段（3 日）、资料整理阶段（2 日）、分析资料和撰写报告阶段（2 日）。

调查报告：依据问卷调查结果和数据分析情况，撰写调查报告，确保报告全面、客观地反映所调查的情况。

项目八

积极转变，大展宏图

——角色适应与发展

学习目标

知识目标

- 了解进入工作岗位前需要做的准备工作。
- 明确大学生角色与职业角色的不同之处。
- 了解职场环境并做好应对准备。

能力目标

- 掌握大学生完成角色转换的方法及适应职场环境的方法。

素质目标

- 自觉强化职业意识，提升职业素质，锤炼职业精神。
- 树立团队精神，强化团队意识。

引导案例——转换角色，走稳求职第一步

23岁的小张大学毕业后，顺利进入实习单位工作。现在，小张已经工作半年多了，但是在领导和同事眼里，他似乎还是那个刚毕业、什么都做不好的小张。小张工作的这半年来，一直没有什么长进——说话、做事，甚至穿着，还是像学生一样随便；对待工作像对待老师布置的作业一样，确实能够完成，但是不会灵活处理问题，在实际工作中表现死板；对所学的知识不能学以致用，做事犹豫，缺乏独立思考的能力，无法独立解决工作中遇到的问题。慢慢地，小张在工作单位成了被边缘化的人物。眼看着昔日的同学在工作中都有了出色的表现，而自己似乎还没有进入角色，小张心里很不好受。

当大学生圆满地完成学业、走向社会的那一刻起，他们的角色就从学生转变成了职业人，要开启新的挑战。如果大学生不能完成从学生到职业人的转换，不能很好地适应职场环境，就会导致自己的职业发展受阻，从而影响自己的职业生涯。因此，大学生应提前学习角色转换和职场适应的相关知识，并将其运用到实际生活中，以便让自己在职业发展的道路上走得更快、更稳。

探索一 转换社会角色

人的一生经历着多次不同社会角色的转换。大学毕业走向社会，对大学生而言就是一种典型的社会角色转换，这个转换在其一生中十分重要。顺利地实现角色转换，可以促进大学生尽快地适应新的环境，快速融入职场。

一、进入工作岗位前的准备

刚从大学毕业，将要进入工作岗位的大学生，应做好以下准备工作。

（一）心理和态度准备

大学生缺乏社会阅历和工作经验，在走上工作岗位后，往往需要很长时间才能适应。如果大学生能树立和践行“从小事做起，从学徒做起”的观念，在实践中灵活运用自己所掌握的知识与技能，就能很快地适应新的工作岗位。

（二）技能准备

很多用人单位都要求新员工掌握一定的英语和计算机实操技能。在当今社会，英语听、说、读、写能力和计算机实操能力（如处理 Word 文档、制作 PPT、制作 Excel 表格等）越强的毕业生，获得好职位的概率和晋升的概率就越大。大学生在校期间应该熟练掌握与职业发展相关的技能，做好进入职场的技能准备。

（三）身体准备

拥有健康的身体，才能更好地工作。所以，大学生应改掉不良的生活习惯，如抽烟、酗酒、熬夜等，同时加强锻炼、增强体质。

（四）为人处世的准备

孔子不仅极力推崇“知者乐水，仁者乐山”的个人信条，而且在“自省”“克己”“忠恕”“慎独”“中庸”“力行”6 个方面也给后人以深刻的教诲和启发。这些道理在职场上同样适用，大学生在走上工作岗位之前应当学习为人处世的相关知识。

（五）服饰与形象的准备

即将参加工作的大学生要特别注意自己的衣着打扮。女生一般要准备至少 3 套职业套装，每天把头发梳理整齐，最好化淡妆，穿款式简约、走路时不会发出声音的鞋子。男生最好有两件不同颜色的纯色衬衣和一套西装；头发不能太长，最好不要留太新潮的发型。

二、学生角色与职业角色之间的转换

人们在社会中扮演的主要角色并不是固定不变的，通常会在不同阶段发生多次转换。例如，大学生在学校里是学生，在家里是子女，在社会上是公民；大学生在圆满完成学业、走上工作岗位后，就由原来的学生角色转变为一个新的社会角色——职业人。

（一）学生角色与职业角色的区别

人的角色由角色权利、角色义务和角色规范 3 个要素组成。角色权利就是角色扮演者依法享有的权益，或者应获得的精神回报和物质报酬；角色义务就是角色扮演者应尽的社会责任，包括“必须做什么”和“不能做什么”两个方面；角色规范就是角色扮演者在享受权利、履行义务的过程中所必须遵循的行为规范或准则。

从学生到职业人的转变

学生角色与职业角色的区别就在于角色权利、角色义务和角色规范的不同，如表 8-1 所示。

表 8-1　学生角色与职业角色的区别

项目	学生角色	职业角色
角色权利	接受外界的给予，主要体现为依法接受教育，在经济上得到保障或资助等	依法行使职权，开展工作；在履行义务的同时获得报酬
角色义务	学好科学文化知识，掌握为人民服务的本领，使自己在德、智、体、美、劳等方面全面发展。该角色履行义务的过程是一个接受教育、储备知识、锻炼能力的过程	以特定的身份履行职责，完成某项工作任务；依靠自己的本领或技能为社会服务
角色规范	主要体现在国家制定的《大学生行为准则》和各学校印发的《大学生手册》中，这些行为规范告诉大学生应怎样做人、如何做事等；若违反了规范，则需要接受批评和教育	不同的职业角色有不同的规范；若违反了相应规范，则必须承担一定的责任，甚至是刑事法律责任

（二）尽快完成角色转换的方法

学生角色向职业角色的转换是一个艰苦的过程，需要大学生坚持不懈地努力。大学生从走上工作岗位时起，就应当自觉地付出努力并尽快完成角色转换。在角色转换过程中，大学生可以参照使用以下方法。

1. 正视现实，认识新的角色

大学生走上工作岗位后，没有了老师的帮扶，远离了家长的呵护，转而成为需要得到社会认可的职业人。大学生在走上工作岗位之初往往对新的角色认识不足，对即将从事的职业缺乏全面、深入的了解。

大学生在进行角色转换时，首先要正视现实，尽快熟悉自己的职业，了解新的职业角色的性质、社会意义、工作要求、劳动条件、行业规范（包括技术规范、职业道德和纪律等），从思想上重视自己的职业，接受自己的职业，热爱自己的职业。

2. 立足本职，树立职业意识

为了尽快完成角色转换，大学生在充分认识新角色的基础上，还应树立以下几个方面的意识。

（1）独立意识。大学生应当全面树立独立意识，在生活上要自理，在工作上要独当一面，要能承担一定的社会责任。

（2）团队意识。人是社会的一分子，社会的发展与进步离不开人与人之间的密切协作。在现实社会中，一些大学生的协作精神和团队意识远远不能满足职业角色的要求。实践证明，在当今社会，一项大型工程的建设、一项科研项目的完成、一项生产活动的组织

与管理，单靠某一个人的力量显然是不够的，必须由几个、几十个，甚至成百上千个人共同劳动、互相配合、互相协作才能完成。因此，每一名进入职场的大学生都要树立团队意识，从整体利益出发，建立和谐的人际关系，营造友好的合作氛围并与他人相互协作，以便共同完成团队任务。

（3）主人翁意识。大学生进入职场后，通常要参与生产、管理和决策等实践活动，需要对所在的单位和部门承担更多的责任。这时，大学生工作业绩的好坏，不仅和自己的前途有着密切的联系，而且与单位和部门的兴衰荣辱休戚相关。因此，大学生要牢固树立主人翁意识，立足本职，做好工作。

3. 虚心学习，不断完善自我

大学生在学校学到的知识和技能是有限的，工作所需的大部分知识和技能需要在工作实践中习得。大学生应根据工作岗位的实际需要，向有经验的技术人员、领导、同事请教，学习实践知识和技能，尽快地熟悉有关业务。同时，要想让自己的工作卓有成效，大学生还应发挥自身的聪明才智，勤于思考，能够发现问题并解决问题，不断锻炼独立开展工作的能力。

4. 甘于吃苦，奉献自身力量

甘于吃苦是角色转换的重要条件。大学生应发扬吃苦耐劳的精神，积极面对并克服在角色转换过程中遇到的种种困难，快速进入职业角色。

乐于奉献是完成角色转换的重要标志。大学生走上工作岗位后，应当从一开始就严格要求自己，不计较个人得失，勤勤恳恳，任劳任怨，努力承担岗位责任，以使自己更好、更快地完成角色转换。

三、和谐人际关系的建立

人际关系是人与人进行联系的媒介。不少走上工作岗位的毕业生不重视人际关系，处理不好人际关系，以致影响职业发展。

（一）建立和谐人际关系的意义

1. 有利于适应新环境

大学生参加工作后，其生活环境会发生很大的变化。如果大学生从一开始就注意建立良好的人际关系，主动交往，热情待人，豁达处世，尽快与同事打成一片，便可顺利地度过职场适应期。

2. 有利于身心健康

和谐的人际关系对个体的身心健康十分重要。一些大学生工作后感到不顺心，其中一

个原因就是人际关系紧张。例如，与同事相互猜疑，工作中矛盾丛生，思想包袱沉重，时间久了，便会孤独郁闷，愁苦不堪。和谐的人际关系可以消除人与人之间的隔阂，有利于彼此相互理解、相互包容，也有利于人们化解矛盾，从而保持心情舒畅、身心健康。

3. 有利于职业发展

人际关系状况从一定程度上反映出一个团体是否具有团队精神和凝聚力，是否具有发展潜力。在一个团队中，人际关系良好通常表明团队成员团结友爱，同事之间、上下级之间齐心协力，工作高效而愉快，每个成员都能最大限度地发挥自己的才能，在实现自我价值的同时促进团队的发展；反之，则表明团队内耗严重，涣散无力，这会抑制每个成员的工作热情，导致工作效率降低，进而阻碍个人及团队的发展。良好的人际关系需要每个人的奉献和努力，只有每个人都为团队添砖加瓦，才会形成和谐的工作氛围，促进团队的团结与发展。

（二）与同事和谐关系的建立

同事之间既是合作者，又是竞争者。这种微妙的关系，必然使人产生既渴望合作又警惕竞争的复杂心理。大学生要想与同事建立良好的人际关系，就需要做到以下几点。

1. 互相尊重

尊重他人包括尊重他人的人格、习惯与价值观，承认交往双方的地位平等。尊重是相互的，只有尊重他人的人，才能得到他人的尊重。大学生到了工作单位之后需要面对各个部门的同事，他们有丰富的工作经验和娴熟的业务技能，大学生要像尊重老师那样尊重他们。此外，大学生在尊重他人的同时也应尊重自己，做到不卑不亢，这样才能建立和谐的人际关系。

2. 平等待人

每个同事在职务、能力、才学、气质、性格等方面的差别是客观存在的，但他们在人格上是平等的。在工作中，大学生应当以平等的态度对待每一个同事，不要以职务的高低、权力的大小来决定对待他人的态度；不要亲近一部分人的同时，故意疏远另一部分人；不要因为某人对自己有用就与之套近乎，否则就避而远之；不要见了领导就满脸堆笑，见了群众就姿态傲慢；不要拉帮结派搞小团体，而应该与所有同事发展平等互助的友好关系。

3. 诚实守信

在人际交往过程中，真诚是不二法则，与职场同事相处同样如此。只有襟怀坦荡、以诚相待，才能激起同事心灵和情感上的共鸣，才能收获真诚和信任。不以诚待人、说一套做一套的虚伪之人，即便能讨得同事一时的喜欢，也会慢慢暴露出本来面目，被同事厌恶。

4. 律己宽人

律己，就是以各种道德规范和行为准则严格地要求自己。宽人，就是宽以待人、宽厚

包容。“金无足赤，人无完人。”大学生必须学会正确地对待自己和他人，坚持以严格的规范要求自己，以宽容的态度对待别人。同事之间因工作任务聚集到一起，难免会因为经历、性格、价值观、看问题的立场等的不同而存在差异、分歧甚至误解和冲突。在产生矛盾时，大学生不要放任自己的情绪感受，以防冲突扩大，而要通过换位思考等方式理解对方、体谅对方、求同存异；当自己受到委屈或被误解时，要克制自己的情绪，调整心态，冷静处理；当工作出现失误或过错时，要勇于剖析自己，主动承担责任；当同事做错了事或出现失误时，要善意地指出，多给予同事帮助和关怀，少一些指责。

拓展阅读

与同事相处的“四不”原则

1. 不谈论私事

根据调查，只有不到 1%的人能够严守别人的秘密。因此当你出现感情问题、家庭问题等与私生活有关的危机事件时，注意尽量不要在办公室内交流；对上司、同事有不满和意见，也尽量不要向无关人等倾诉。虽然在办公室互诉心事似乎很富有人情味，能拉近彼此之间的距离，但办公室还是因工作关系而存在的一个特殊场所，若界限不清、公私混淆，容易给彼此带来麻烦和困扰。

2. 不传播“耳语”

所谓“耳语”，即小道消息，是指经非正式、非正常途径传播的消息，往往会部分或全部失真，因而并不可靠。当然，在一个单位要杜绝一切小道消息几乎是不可能的，所以，对于小道消息，要尽量做到不打听、不评论、不传播。

3. 不当众炫耀

每个人都渴望得到别人的肯定和认同，所以都会尽可能地展现自己好的一面，以维护自己的形象和尊严。但如果当众进行炫耀的话，无论是炫耀地位或者财富，还是炫耀容貌或者才华，都是在无形之中贬低别人、凸现自己，容易让人感觉是对别人自尊和自信的挑战，是为了表现自己的优越性，因此，这样很容易引起别人的防御、反感和排斥。这对同事之间关系的维系有弊无利。

4. 不直来直去

在沟通过程中，常常有人想到什么就说什么、口无遮拦，还美其名曰自己是“心直口快”“刀子嘴豆腐心”。实际上，这样的表达除了能给自己带来一时之快外并无好处，但却容易伤害别人。因此，与职场同事相处时切忌直来直去，尤其是在有求于对方或者与对方有不同意见的时候，更加不能毫无顾忌地口不择言。

5. 保持距离

和同事之间保持良好的关系，并非要与同事无话不谈、亲密无间。实际上，由于同事之间既存在合作又存在利益竞争，所以很多时候并不适合太过亲密。同时，太过亲密和随意也有可能逾越彼此的界限，使得工作和私人生活无法清楚分开，反而会带来摩擦和矛盾。

课堂互动

假如你在工作中接到一个重要任务，时间非常紧迫。你知道想要按时完成这个任务，就需要同事小张的帮助。但是，小张现在也有很多自己的任务需要完成。

请思考：在这种情况下，你如何才能让小张帮助你完成这个任务呢？

（三）与领导和谐关系的建立

领导对下属的职业发展和职位升迁有裁决权和评判权。因此，处理好与领导的关系是十分重要的。大学生与领导相处时，要遵守以下几项原则。

1. 维护领导的权威

大学生要注意维护领导的权威，不在背后贬低领导，不当众指责领导，愿意接受领导的批评和指正。对同一单位的领导，不要有亲疏远近之分。在工作中，大学生作为下属，还要理解领导的处境和苦衷，尊重领导的看法和意见。如果有与领导不一致的意见和想法，也要学会用恰当的方式和方法进行表达。这么做，无论是对于工作的开展，还是双方的情感和关系的维系，都大有裨益。

2. 以工作为沟通的出发点

上下级之间的关系主要还是工作关系。所以，在沟通的过程中，双方都要摈弃彼此之间的私人恩怨，同时也要摆脱职位、地位的限制，把工作放在最重要的位置，以客观、理性的目光看待工作关系，在任何时候、任何问题上都以解决工作中的问题、完成工作中的任务为第一要务。

3. 学会服从

一般来说，领导由于经验和职务关系，往往更能从大局出发，通盘考虑，思考的角度也可能更周全，所以，大学生在工作中应学会适应领导的工作作风，与领导的思想保持同步，并注意领会领导的意图，按要求完成领导安排的工作任务。

4. 不要理想化

领导也是一个普通人，具有普通人所具有的所有特点和局限。在工作中，大学生既要

看到领导的优点和长处，也要看到他们的缺点和短处，切勿用自己头脑中形成的理想化模式去要求领导，以免因领导行为处事不符合自己预期心生不满。

5．沟通频率要适度

在职场生活中，上下级之间的沟通既不能过少，也不可太过频繁。实际上，职场中下对上的沟通往往存在两个极端，要么是沟通频率过高，要么是沟通频率过低。

有些刚毕业的大学生为了博得领导的赏识和青睐，有事没事就往领导办公室跑，既容易给领导造成困扰，也容易让领导怀疑大学生缺乏独立工作的能力。而且，沟通频率过高很可能会造成其他同事心理上的不平衡，容易引起同事的反感和厌恶。

有些刚毕业的大学生认为一个好的员工只要默默做好自己的本职工作就好，至于是否要向领导汇报思想和工作情况则不太重要，因而缺乏相应的请示和汇报。其实，大学生这样做既不利于工作的开展和完成，在一定程度上也会影响自身的发展前景。

探索二　适应职场环境

大学生习惯了相对单纯、清静、被动的校园生活，走上工作岗位后，一接触实际，常常会感觉到对社会、对工作的不适应。如果大学毕业生能够尽快适应职场环境，就能够积极面对工作中遇到的各种问题，在团队中充分发挥出自身优势，逐步形成自己的职场竞争力。

要想尽快适应职场环境，大学毕业生应做到以下几点。

一、快速融入团队

大学生走出校门、踏入社会后，将会面临一个全新的环境。这时，大学生应快速融入工作团队，以便得心应手地开展工作。如果无法适应新的工作环境并融入新的团队，大学生就需要根据自己的具体情况分析其中的原因：如果不适应来源于复杂的人际关系，大学生就应主动学习人际关系处理技巧、沟通技巧，以及调节情绪的方法，并在与他人交往时，做到以诚待人、热情得体、不卑不亢；如果不适应来源于工作能力，大学生就应正视问题，尽快熟悉工作内容，努力磨炼自己的业务技能。

如何快速融入新团队

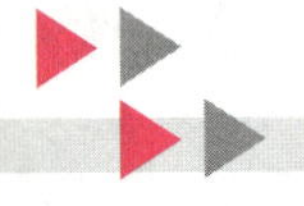

砥节砺行

党的二十大报告强调，“团结奋斗是中国人民创造历史伟业的必由之路”“团结就是力量，团结才能胜利”。个体的力量是有限的，单靠个人能力来解决重大问题的可能性微乎其微，更多的成果是靠“集体大脑”取得的。时代要求个体除了具备必要的专业技能以外，还必须具备与他人合作的能力。因此，大学生应该明确自己是团队的一分子，树立团队精神，强化团队意识，提高与人共事的能力和协作能力。

二、理智面对冷遇

职场新人遭到冷遇是职场中的常见现象。大学生要想摆脱遭到冷遇的困境，就要学会理智分析，正确对待。

（一）遭到冷遇的原因

当自己受到冷遇时，大学生首先要从自身找原因。一般来说，其原因主要有以下几点。

（1）自以为满腹经纶，在工作中好高骛远，挑肥拣瘦，拈轻怕重，小事不愿做，大事做不来，领导难以为其安排合适的工作。

（2）工作责任心不强，做事马虎，不能完成领导交代的任务。

（3）对时事妄加评论，造成了不良影响。

（4）过于看重个人得失，在工作中“有利可图就干，无利可图就算”。

（5）没有处理好个人与集体、事业与家庭的关系。

（二）摆脱冷遇的途径

1. 谦虚好学

大学生在校学习的多为基础理论知识，参加工作后要虚心地向他人学习实践技能，绝不能自以为是。

2. 踏实肯干

大学生走上工作岗位后，除了虚心学习以外，还要有实干精神。用人单位招聘新人，是为了解决工作、生产、科研中的实际问题。只有苦干、实干，脚踏实地地干出一番成绩来，才能赢得领导、同事的认可与赞许。

3. 豁达大度

大学生缺乏工作经验，走上工作岗位后遭到冷遇是在所难免的。有时候，不一定是自己的原因造成的，但无论如何，大学生遭到冷遇时一定要豁达大度，多从自身找原因，认真总结经验和教训。这样才有利于问题的解决，否则只能使问题复杂化。

课堂互动

你对未来的职场充满了憧憬，但也有些紧张，不知道自己将面临一个怎样的职场环境，会遇到哪些问题。请你与周围的同学讨论大学毕业生在职场中可能会遇到的问题有哪些，把它们写出来，并想一想应对之策。

三、正确看待挫折

心理学家认为，挫折是个体在自身需要得不到满足时所产生的一种消极的情绪状态。遭受挫折后，个体通常会出现紧张、焦虑等情绪。

有的人遭受挫折后，会过度自责，整日垂头丧气，郁郁寡欢；有的人遭受挫折后，不从自身找原因，而把责任推卸给他人，为自己辩解开脱；有的人遭受挫折后，会将怨气发泄到他人身上，不懂得分析原因、总结教训，随后又重蹈覆辙；有的人遭受挫折后万念俱灰、不能自拔。不论从事何种工作，遭受挫折是在所难免的。如果不能及时调整心态，正视挫折，便容易陷入消极情绪的漩涡。

在面对挫折时，大学生应当做到以下几点。

（一）进行积极的心理防卫

面对挫折时，大学生应进行积极的心理防卫。例如，将内心的消极情绪转化为发愤图强、力争上进的积极情绪，“化失败为力量”；加倍努力，以实现工作目标；进行自我补偿，以期实现“失之东隅，收之桑榆”的效果；等等。

（二）正确认识失败

一帆风顺固然可喜，遇到挫折也不要灰心，这一次挫折也许是在为下一次成功做铺垫。只要看准目标，一步一个脚印地走下去，终会获得成功。到那时，再回头看自己走过的路，就会意识到挫折和失败也是人生的财富。

（三）勇于面对现实问题

受挫折并不可怕，可怕的是不敢面对现实中的问题。大学生在遭受挫折后，可以反问自己 4 个问题：问题到底出在哪里？出现问题的原因是什么？可以选用的解决方案有哪些？最佳解决方案是什么？然后想办法解决这些问题，从而帮助自己走出困境。

案例精选

两种态度，两种结果

小赵和小李同一年毕业，同是市场部的职员，都从事市场营销的工作。两个人的能力不相上下，每月都能超额完成任务。有时候，小李的任务完成得比小赵的好得多，但很少见到小李开心的样子。工作不顺利时，小李就会发牢骚，甚至冲着同事发脾气。而小赵则为人乐观、爽快，抱着知足常乐的态度，对待工作和生活；遇到困难时，从不会被困难吓倒，更不会冲着同事发脾气，而是会努力克服困难；当同事遇到不顺心的事，找他倾诉时，他很乐意成为同事的倾诉对象。一年后，小赵晋升为市场部经理，而小李依然是普通职员。

（资料来源：豆丁网，有改动）

四、虚心接受批评

一个人对待批评的态度能在一定程度上反映其修养与能力。受到批评时，不同的人有着截然不同的态度：有的人勇于承认自己的错误，诚恳地接受批评，总结教训并及时加以改正；有的人从此丧失信心，萎靡不振，甚至自暴自弃；还有的人一被批评就怒火中烧，使领导和同事“敬而远之”。无疑，后两种态度是不可取的。

对初涉职场的大学生来说，受到批评时应当“有则改之，无则加勉”，甚至笑纳批评。对于他人善意的批评，不要愤慨地辩解，也不要找借口推脱责任或默不作声。接受他人批评时应当表里如一，诚心诚意，而不能“口服心不服”。

五、积极消除隔阂

人与人之间产生隔阂的原因是多种多样的。隔阂产生的原因不同，消除隔阂的方法也应有所不同。与他人产生隔阂的时候，大学生应冷静分析，找出原因，然后对症下药。常见的隔阂及其处理方法如下。

（1）交往双方不愿或很少展示真实的自我，彼此怀疑交往的诚意，进而产生隔阂。对于这种隔阂，最佳处理方式是与交往对象坦诚相待，做到以真心换真心。交往双方应抛弃“逢人只说三分话，未可全抛一片心”的旧观念，与他人真诚相处，经常进行深入沟通，就能有效地消除隔阂。

（2）交往双方因误会而产生隔阂。对于这种隔阂，交往双方应该进行必要的解释，以消除误会。每个人的性格脾气、价值观念、言行习惯等存在一定的差异，观察问题、认识问题、处理问题的方法也各不相同。因此，在交往过程中出现一些误会是难免的。对此，大学生应该给予充分的理解，如果自己误会了别人，则要耐心地听他人解释，在真相大白之后，彼此的隔阂便会消除。

（3）在交往过程中，一方损害了另一方的利益或伤害了另一方的人格、自尊，双方因此产生隔阂。出现这种情况，不管责任是否完全在自己，大学生都应该主动与交往对象进行沟通，必要时应诚恳地向受害人道歉，求得谅解。一般情况下，只要自己在处理问题时拿出足够的诚意，定能化干戈为玉帛，消除隔阂。

六、提升职业素养

（一）遵守职业道德

职业道德是指从事一定职业的人在职业活动中应当遵循的具有职业特征的道德要求和行为准则。大学毕业生应树立正确的职业理想和职业价值观，发扬忠于职守、敬业乐业的精神，秉持严肃认真、实事求是的工作态度，保持一丝不苟、精益求精的工作作风。

砥节砺行

党的二十大报告强调，我国要“在全社会弘扬劳动精神、奋斗精神、奉献精神、创造精神、勤俭节约精神，培育时代新风新貌”。中华民族在长达 5 000 多年的历史发展中，形成了爱国爱家、睦邻友好、尊老爱幼、谦和有礼、知恩图报、勤劳节俭、诚实守信、艰苦奋斗等传统美德。这些传统美德代代相传，成为中国人的行为规范。大学生作为建设中国特色社会主义事业的主力军和实现中华民族伟大复兴的重要力量，应在生活、学习和工作中主动培养社会主义核心价值观，努力拼搏，为建设中国特色社会主义事业贡献力量，从而实现人生价值。

（二）提高责任意识

责任意识是指一个人在生活或工作中对待他人、家庭、组织和社会负责的自觉意识，是不同社会角色的责任、义务在人脑中的主观反映。一个人既要对自己的行为后果承担责任，又要对他人和社会负责。

一个具有良好的责任意识的员工，至少应做到以下几个方面。

（1）认真做好本职工作。一个职业人责任感的主要表现就是做好本职工作，即为了

所在单位的发展，为了自己的职业前程，踏踏实实地做好本职工作。事实上，那些在事业中卓有成效的人，无论从事的是平凡普通的工作还是所谓“高大上”的工作，无不是用高度的责任心和严格的标准来对待自己的工作，与其说是努力和天分造就了他们的成功，倒不如说是强烈的责任心促成了他们的成功。

（2）时刻维护企业的利益和形象。良好的形象和声誉是一个企业宝贵的无形资产，这笔无形资产使得它比同类其他企业具有更强的竞争力和更好的发展前景。企业的发展可以产生经济利益和社会效益，可为社会做出贡献，也可为员工的经济收入和职业发展创造条件。因此，大学生走入职场后应该树立企业利益高于个人利益的观念。

（3）严格遵守企业的规章制度。俗话说：“没有规矩，不成方圆。”任何企业的科学管理都离不开规章制度。规章制度使员工明白自己应该担负的责任和义务，对员工的言行起导向作用，是企业能够有效运行的最基本法则。因此，大学生应当做一个有责任感的员工，严格遵守企业的规章制度。

（4）正视工作中的失误，勇于承担责任。“人非圣贤，孰能无过”，尤其是初入职场的大学生，更是难免出现工作失误。从一个人对待失误的态度就可以清楚地看出其责任感的强弱。一个缺乏责任感的人，总爱把工作成绩归于自己，而把工作失误归咎于别人或客观因素。这种做法既会损害企业利益，又会损害自身形象。在任何组织中，领导和同事都不会认可这种人。相反，一个有责任感、能够正视自己的失误并及时改正、设法补救的人，很容易得到领导的信赖和同事的认可。

（三）努力钻研业务

对于涉世不深、经验不足的大学生来说，工作中出现某些差错或失误是难免的，但这并不意味着大学生出现差错或失误是理所当然的。在工作中，大学生应当努力钻研业务，履行岗位职责，并有针对性地提升技能，尽可能避免差错或失误的出现。

具体而言，大学生应做到以下几点。

（1）熟悉工作流程，努力钻研岗位业务，履行岗位职责，高效地完成任务。学历、知识不等于能力，只有把知识应用于实践，它才可能转化为能力。

（2）正视自己的不足之处，并有针对性地提升技能。每个人都有自己的不足之处，大学生在工作中要注意针对不足之处进行学习，以提升自己的职业技能。

（3）培养良好的职业道德，树立正确的职业理想和职业价值观，发扬忠于职守、敬业乐业的精神，秉持严肃认真、实事求是的工作态度，保持一丝不苟、精益求精的工作作风。这些优良品质是做好工作的基础，也是处理好各种人际关系的必要条件。

拓展阅读

职场禁忌

1．经常抱怨

在职场，总会有这样一群人：他们总是喜欢抱怨，诉说自己对工作和生活的种种不满。这种人常常被负面情绪困扰，同时也给其他人带来了不良影响。初入职场的毕业生应尽量远离这种人，并且要避免自己变成这种人。

2．过分消极

有些人过分消极，他们总是对公司的发展没有信心，担心工资无法按时发放……事实上，即使公司发展正蒸蒸日上，也无法改变这种人的消极处世态度。他们总是患得患失，行动力差，而且会对整体团队产生很大的负面影响。

3．急于求成

有些人急功近利，缺乏脚踏实地的作风，总是幻想着一步登天。这样的人通常喜欢邀功，容易破坏团队内部的和谐氛围，使团队作风受到不良影响。

4．办公室冷暴力

职场中的人际关系对工作的开展有着很大的影响。办公室冷暴力是阻碍团队沟通交流、工作顺利开展的"杀手"。例如，有的人工作的时候不愿意与同事配合，故意疏远同事，甚至有意给同事设置障碍，等等。这种行为会影响团队工作的开展，导致团队成员的战斗力下降。

5．过分自卑

在职场上，过分自卑通常表现为既担心得罪同事，又担心做错事会被领导批评，做事情时总是畏畏缩缩，不敢承担重任。这种人通常不会得到领导的重用。

6．敌视他人的进步

工作中充满了竞争，有些人看到他人进步时就会心生恨意，认为他人进步是因为会耍手段或者得到了领导的帮助，而不承认对方付出的努力，更不会自我反省、提升自我。这种行为只会让自己处于被动状态，很难获得好的发展。

7．懒散

懒散不但影响工作效率，还会影响整个团体的工作氛围，导致团体工作效率低下。懒散的人最终会被社会淘汰。初涉职场的毕业生一定不要养成懒散的坏习惯。

（资料来源：搜狐网，有改动）

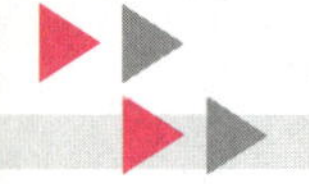

实战演练

一、职业角色模拟

请全班学生分组进行职业角色模拟活动。

活动目的：通过职业角色模拟，体验学生角色与职业角色的不同。

活动内容：根据下列信息设计剧本，然后进行角色模拟活动。

场景 1：实习时，同事都将复印、打扫等工作交给新人。

场景 2：工作期间，接到了客户投诉公司产品质量的电话。

场景 3：在网上看到了关于自己所在公司的负面报道，但该报道与事实不符。

场景 4：遇到一名挑剔、不好应付的客户。

场景 5：因小事与同事发生冲突。

场景 6：主持重要会议时，突然有人捣乱。

活动要求：

（1）全班同学分成若干小组，每组 6 人，各组设组长 1 名。

（2）小组成员分工协作，结合自身专业特点和上述场景设计剧本。

（3）小组成员分别扮演不同的角色，然后简要地记录通过角色扮演所获得的启发。

（4）各组在全班表演，其他组认真观看并提出建议，各组组长代表本组与其他组长进行交流。

二、职场适应训练

（1）全班学生分成若干小组，每组 4～6 人，各组设组长 1 名。

（2）各组针对下列情景进行讨论，并提出解决问题的方法。

场景 1：你初入职场，由于业务不熟练，在工作中经常遇到困难，偶尔还会出现差错，犯错时会受到领导的批评。

场景 2：初到单位，你与同事还不熟悉，感觉很孤单。

场景 3：领导总是安排你做一些简单、重复、琐碎的事情，你觉得自己不受重视，在这里工作没有什么前途。

（3）各组走访当地的劳动模范、技能大师或在工作上取得优异成绩的校友，了解他们的职场经历，并总结经验，谈谈启发。走访前，要做好相关准备工作，如确定访谈时间、访谈地点、访谈时长，设计访谈问题，等等。

附　录

霍兰德职业兴趣代码与相应职业的对照表

R（实用型）：木匠、农民、X光技师、工程师、飞机机械师、鱼类和野生动物专家、自动化技师、机械工（车工、钳工等）、电工、无线电报务员、火车司机、长途汽车司机、公共汽车司机、机械制图员、机器修理师、电器师。

I（研究型）：气象学者、生物学者、天文学者、药剂师、动物学者、化学家、科学报刊编辑、地质学者、植物学者、物理学者、数学家、实验员、科研人员、科技作者。

A（艺术型）：室内装饰专家、图书管理专家、摄影师、音乐教师、作家、演员、记者、诗人、作曲家、编剧、雕刻家、漫画家。

S（社会型）：社会学者、导游、福利机构工作者、咨询人员、社会工作者、社会科学教师、学校领导、公共保健护士。

E（企业型）：推销员、进货员、商品批发员、旅馆经理、饭店经理、广告宣传员、调度员、律师、政治家、零售商。

C（事务型）：会计、银行出纳、法庭速记员、成本估算员、税务员、核算员、打字员、办公室职员、统计员、计算机操作员、秘书。

下面介绍与霍兰德代码对应的职业类型，对照的方法如下：首先根据代码，在下表中找出相应的职业。例如，若代码是RIA，那么牙科技术人员、陶工等是适合该代码兴趣类型的职业。然后可以寻找与该代码相近代码的职业。例如，若代码是RIA，那么由这三个字母组合成的其他编号（如IRA、IAR、ARI等）对应的职业，也较适合该代码对应的兴趣类型。

RIA：牙科技术员、陶工、建筑设计员、模型工、细木工。

RIS：厨师、林务员、潜水员、电器修理工、眼镜制作员、电工、纺织机器装配工、服务员、装玻璃工人、发电厂工人、焊接工。

RIE：建筑和桥梁工程、环境工程、航空工程、公路工程、电力工程、信号工程、电话工程、一般机械工程、自动工程、矿业工程、海洋工程、交通工程技术人员、制图员、家政人员、计量员、农民、农场工人、农业机械操作员、清洁工、无线电修理工、汽车修

理工、手表修理工、管工、线路装配工、工具仓库管理员。

RIC：船上工作人员、接待员、牙医助手、制帽工、磨坊工、石匠、机器制造工、机车（火车头）制造工、农业机器装配工、汽车装配工、缝纫机装配工、钟表装配和检验员、电动器具装配工、鞋匠、锁匠、货物检验员、电梯机修工、幼儿园园长、钢琴调律师、装配工、印刷工、建筑钢铁工、卡车司机。

RAI：手工雕刻、玻璃雕刻、制作模型人员、家具木工、制作皮革品人员、手工绣花人员、手工钩针纺织人员、图画雕刻人员、装订工。

RSE：消防员、交通巡警、警察、门卫、理发师、房间清洁工、屠夫、锻工、开凿工人、管道安装工、出租汽车驾驶员、货物搬运工、送报员、勘探员、娱乐场所服务员、起卸机操作工、灭害虫者、电梯操作工、厨房助手。

RSI：纺织工、编织工、农业学校教师、某些职业课程教师（如艺术、商业、技术、工艺课程等）。

REC：抄水表员、保姆、实验室动物饲养员、动物管理员。

REI：轮船船长、航海领航员、试管实验员。

RES：旅馆服务员、家畜饲养员、渔民、渔网修补工、收割机操作工、搬运行李工人、公园服务员、救生员、登山导游、火车工程技术员、建筑工作者、铺轨工人。

RCI：测量员、勘测员、仪表操作者、农业工程技术员、化学工程技师、民用工程技师、石油工程技师、资料室管理员、探矿工、矿工、磨床工、取样工、样品检验员、纺纱工、炮手、漂洗工、电焊工、刨床工、制帽工、手工缝纫工、油漆工、染色工、按摩工、木匠、农民建筑工作、电影放映员、勘测员助手。

RCS：公共汽车驾驶员、一等水手、游泳池安全员、裁缝、建筑工作者、石匠、烟囱修建工、混凝土工、爆炸手、邮递员、矿工、裱糊工人、纺纱工。

RCE：打井工、吊车驾驶员、农场工人、邮件分类员、铲车司机、拖拉机司机。

IAS：普通经济学家、农场经济学家、财政经济学家、国际贸易经济学家、实验心理学家、工程心理学家、哲学家、内科医生、数学家。

IAR：人类学家、天文学家、化学家、物理学家、医学病理学家、动物标本剥制者、化石修复者、艺术品管理者。

ISE：营养学家、饮食顾问、火灾检查员、邮政服务检查员。

ISC：侦察员、电视播音室修理员、电视修理服务员、验尸室人员、编目录者、医学实验室技师、调查研究者。

ISR：水生生物学者，昆虫学家、微生物学家、配镜师、细菌学家、牙科医生、骨科医生。

ISA：实验心理学家、普通心理学家、发展心理学家、教育心理学家、社会心理学家、临床心理学家、目标学家、皮肤病学家、精神病学家、妇产科医师、眼科医生、五官科医生、医学实验室技术专家、民航医务人员、护士。

IES：病毒学家、生理学家、化学专家、地质专家、地理物理学专家、纺织技术专家、医院药剂师、工业药剂师、药房营业员。

IEC：档案保管员、保险统计员。

ICR：质量检验技术员、地质学技师、工程师、法官、医院听诊员、家禽检查员。

IRA：地理学家、地质学家、声学物理学家、矿物学家、古生物学家、石油学家、地震学家、声学物理学家、原子和分子物理学家、电学和磁学物理学家、气象学家、设计审核员、人口统计学家、数学统计学家、外科医生、城市规划家、气象员。

IRS：流体物理学家、物理海洋学家、等离子体物理学家、农业科学家、动物学家、食品科学家、园艺学家、植物学家、解剖学家、动物病理学家、作物病理学家、药物学家、生物化学家、生物物理学家、细胞生物学家、临床化学家、遗传学家、分子生物学家、质量控制工程师、地理学家、兽医、放射性治疗技师。

IRE：化验员、化学工程师、纺织工程师、食品技师、渔业技术专家、材料和测试工程师、电气工程师、土木工程师、航空工程师、行政官员、冶金专家、原子核工程师、陶瓷工程师、地质工程师、电力工程师、口腔科医生、牙科医生。

IRC：飞机领航员、飞行员、物理实验室技师、文献检查员、农业技术专家、动植物技术专家、生物技师、油管检查员、工商业规划者、矿藏安全检查员、纺织品检验员、照相机修理者、工程技术员、编程人员、仪器维修工。

CRI：计时员、铸造机操作工、打字员、按键操作工、复印机操作工。

CRS：仓库保管员、档案管理员、缝纫工、讲述员、收款人。

CRE：标价员、实验室工作者、广告管理员、自动打字机操作员、电动机装配工、缝纫机操作工。

CIS：记账员、顾客服务员、报刊发行员、土地测量员、保险公司职员、会计师、估价员、邮政检查员、外贸检查员。

CIE：打字员、统计员、支票记录员、订货员、校对员、办公室工作人员。

CIR：校对员、工程职员、海底电报员、检修计划员。

CSE：接待员、通讯员、电话接线员、卖票员、旅馆服务员、商学教师、旅游办事员。

CSR：运货代理商、铁路职员、交通检查员、办公室通信员、簿记员、出纳员、银行财务职员。

CSA：秘书、图书管理员、办公室办事员。

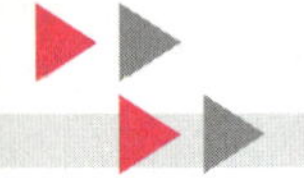

CER：邮递员、数据处理员、办公室办事员。

CEI：推销员、经济分析家。

CES：银行会计、记账员、法人秘书、速记员、法院报告人。

ECI：银行行长、审计员、信用管理员、地产管理员、商业管理员。

ECS：信用办事员、保险人员、进货员、海关服务经理、售货员，购买员、会计。

ERI：建筑物管理员、工业工程师、农场管理员、护士长、农业经营管理人员。

ERS：仓库管理员、房屋管理员、货栈监督管理员。

ERC：邮政局长、渔船船长、机械操作领班、木工领班、瓦工领班、驾驶员领班。

EIR：杂志编辑。

EIC：专利代理人、鉴定人、运输服务检查员、安全检查员、废品收购人员。

EIS：警官、侦察员、交通检验员、安全咨询员、合同管理者、商人。

EAS：法官、律师、公证人。

EAR：展览室管理员、舞台管理员、播音员、驯兽师。

ESC：理发师、裁判员、政府行政管理员、财政管理员、工程管理员、职业病防治、售货员、商业经理、办公室主任、人事负责人、调度员。

ESR：家具售货员、书店售货员、公共汽车的驾驶员、日用品售货员、护士长、自然科学和工程的行政领导。

ESI：博物馆管理员、图书馆管理员、古迹管理员、饮食业经理、地区安全服务管理员、技术服务咨询者、超级市场管理员、零售店店员、批发商、出租汽车服务站调度员。

ESA：博物馆馆长、报刊管理员、音乐器材销售员、导游、（轮船或班机上的）事务长、飞机上的服务员、船员、法官、律师。

ASE：戏剧导演、舞蹈教师、广告撰稿人，报刊、专栏作者、记者、演员、英语翻译。

ASI：音乐教师、乐器教师、美术教师、管弦乐指挥，合唱队指挥、歌星、演奏家、哲学家、作家、广告经理、时装模特。

AER：新闻摄影师、电视摄影师、艺术指导、录音指导、丑角演员、魔术师、木偶戏演员、骑士、跳水员。

AEI：音乐指挥、舞台指导、电影导演。

AES：流行歌手、舞蹈演员、电影导演、广播节目主持人、舞蹈教师、口技表演者、喜剧演员、模特。

AIS：画家、剧作家、编辑、评论家、时装艺术大师、新闻摄影师、男演员、文学作者。

AIE：花匠、皮衣设计师、工业产品设计师、剪影艺术家、复制雕刻品大师。

AIR：建筑师、画家、摄影师、绘图员、环境美化工、雕刻家、包装设计师、陶器设

计师、绣花工、漫画工。

SEC：社会活动家、工商会事务代表、教育咨询者、宿舍管理员、旅馆经理、饮食服务管理员。

SER：体育教练、游泳指导。

SEI：大学校长、学院院长、医院行政管理员、历史学家、家政经济学家、职业学校教师、资料员。

SEA：娱乐活动管理员、国外服务办事员、社会服务助理。

SCE：部长助理、福利机构职员、生产协调人、环境卫生管理人员、戏院经理、餐馆经理、售票员。

SRI：外科医师助手、医院服务员。

SRE：体育教师、职业病治疗者、体育教练、专业运动员、房管员、儿童家庭教师、警察、引座员、传达员、保姆。

SRC：护理员、护理助理、医院勤杂工、理发师、学校儿童服务人员。

SIA：社会学家、心理咨询者、学校心理学家、政治科学家、大学或学院的系主任、大学或学院的教育学教师、大学农业教师、大学工程和建筑课程的教师、大学法律教师、大学数学、医学、物理、社会科学和生命科学的教师、研究生助教、成人教育教师。

SIE：营养学家、饮食学家、海关检查员、安全检查员、税务稽查员、校长。

SIC：描图员、兽医助手、诊所助理、体检检查员、监督缓刑犯的工作者、娱乐指导者、咨询人员、社会科学教师。

SIR：理疗员、救护队工作人员、手足病医生、职业病治疗助手。

参考文献

[1] 李家华，雷玉梅，黄杰. 大学生职业发展与就业指导 [M]. 北京：高等教育出版社，2022.

[2] 周文霞，谢宝国. 职业生涯研究与实践必备的41个理论 [M]. 北京：北京大学出版社，2022.

[3] 李枢. 生涯咨询99个关键点与技巧 [M]. 北京：机械工业出版社，2021.

[4] 李晓军. 应用型高校大学生职业生涯规划与就业创业指导 [M]. 上海：上海教育出版社，2021.

[5] 吴兴惠，许芳，白军福. 大学生职业生涯规划与就业创业指导（微课版）[M]. 北京：人民邮电出版社，2021.

[6] 邹渝，张雪松. 大学生职业生涯规划与就业指导手册：职业咨询经典案例 [M]. 北京：中国经济出版社，2020.

[7] 杨炜苗. 大学生职业生涯规划与就业指导 [M]. 北京：清华大学出版社，2020.

[8] 李业明. 职业生涯规划 [M]. 上海：上海交通大学出版社，2018.

[9] 张普权. 大学生职业生涯规划与就业指导 [M]. 上海：上海交通大学出版社，2018.

[10] 胡琼妃，刘定巧. 大学生职业生涯规划与就业指导 [M]. 北京：中国人民大学出版社，2017.

[11] 王占军. 大学生职业生涯规划咨询案例精编 [M]. 上海：华东师范大学出版社，2017.

[12] 钟思嘉，金树人. 大学生职业生涯规划：自主与自助手册 [M]. 北京：高等教育出版社，2017.

[13] 陶德胜，李世明，邹艳星. 大学生职业生涯规划与就业创业指导（修订版）[M]. 苏州：苏州大学出版社，2017.

[14] 钟谷兰，杨开. 大学生职业生涯发展与规划（第2版）[M]. 上海：华东师范大学出版社，2016.

[15] 鲁江旭. 大学生职业生涯规划与就业指导 [M]. 北京：中国轻工业出版社，2016.

[16] 刘平. 大学生就业与创业指导 [M]. 北京：清华大学出版社，2016.

[17] 孙晃. 高职院校学生职业生涯规划与就业创业指导 [M]. 苏州：苏州大学出版社，2016.